쥬비스 미라클

쥬비스
미라클

조성경 지음

JUVIS MIRACLE

쌤앤파커스

2. 이제 장사 말고 사업을 합니다

5. 쥬비스는 왜 AI 회사가 되었을까?

5,000만 원 창업에서
2,500억 원 회사가 되기까지

"고객으로 쥬비스에 가면 '기적'을 경험하지만, 실은 쥬비스 자체가 기적이다!"

예전에 어떤 교수님이 해준 말씀이다. 사실 쥬비스 다이어트 고객들은 '기적' 같은 일을 많이 경험하고, 실제로 '인생이 바뀌었다'는 감사한 후기도 많이 올려주신다. 쥬비스 광고에 등장하는 수많은 유명 연예인들의 비포 & 애프터 사진 역시 '충격적'이라는 피드백이 많다. 그런데 사실 '쥬비스 다이어트'라는 회사 자체에 대해서는 그다지 알려진 바가 없다.

시작은 이렇다. 나는 32세가 되던 해에 목동 시장 골목에 자그마한 다이어트숍을 열었다. 어머께 부탁해 모은 곗돈 3,000만 원과 동생과 직장생활을 하며 모아둔 돈을 합쳐보니 초기 자본금은 5,000만 원뿐이었다. 그 가게는 10여 년 만에 수백억

매출을 올리는 대한민국 최고의 다이어트 기업으로 성장했고, 창업한 지 19년 만인 2020년에 전년도 영업이익의 17배인 2,500억 원에 매각되었다. 무려 5,000배 성장이다.

이 책은 바로 그 30대 초보 사장이 창업부터 매각까지 어떤 위기를 겪으며 성장하고 성취했는지를 들려주는 책이다. 회사가 급성장하는 동안 기쁘고 자랑스러운 일도 많았지만, 실망하고 좌절한 순간도 그만큼 많았다. 재임 중에는 외부활동이나 언론 인터뷰를 거의 하지 않았기 때문에 여기 처음 공개하는 이야기도 많다.

쥬비스 다이어트는 물건을 파는 회사가 아니라 100% 서비스 회사다. 고객들은 서비스를 경험해보기도 전에 수백만 원씩 선불로 이용료를 내야 하지만, 상담을 마친 분들은 10명 중 9명이 등록한다. 등록하자마자 211가지 측정 데이터를 분석해드리고, 530만 건의 빅데이터를 기반으로 AI가 감량 솔루션을 찾아내며, 컨설턴트가 밀착 관리해 프로그램 완주를 돕는다. 간단히 말하면 이것이 쥬비스 다이어트의 서비스 개요다. 물론 이 책에서 다이어트 방법론이나 AI 기술을 소개하려는 것은 아니다.

이미 비즈니스 시계는 시곗바늘이 보이지 않을 정도로 빠르게 돌아간다. 생각하고 나서 출발하면 만년 후발주자다. 벌써 모두들 달리면서 생각하고 실행하면서 달린다. 쥬비스도 그랬다. 강도 높은 세무조사, 여러 협회와 이익단체의 고소·고발, 언론의 악의적인 보도 등 수많은 사건·사고에 대응하면서 전국의 직영점을 문제없이 운영하고, 그러면서도 10~20년 후의 미래를 차근차근히 준비해왔다.

그 과정에서 매출이 100억 원을 넘고 300억, 500억을 넘어가면서 회사의 규모가 커짐에 따라 준비해야 할 것이 달랐고, 문제를 바라보는 관점과 대응방식도 바꿔야 했다. 나는 경영학을 전공하지도 않았고, 어깨너머로 경영을 배워볼 기회도 없었다. 어려울 때 활용할 학연·지연·인맥도 별로 없었다. 대신 스스로 멘토를 찾아가서 조언을 구하고, 직원들과 머리를 맞대고 고민하고 토론하며 문제를 돌파했다. 쉽고 만만한 일은 단 하나도 없었지만, 그만큼 재미도 컸고 희열도 깊었다.

사람들은 나를 철갑상어라 부르고 아들은 도베르만이라고 부른다. 하지만 보기보다 정도 많고 상처도 많이 받는다. 사람들이 어떻게 이렇게 사업을 잘 키워냈느냐고 물으면, 역시 뻔한 대답이지만 '사람'이 제일 중요했다고 말한다. 어떤 분이 "창업은 단체전이다."라는 말씀을 하셔서 무릎을 치며 공감한 적이 있다. 더 큰 성취를 이루기 위해 우리는 함께 일한다. '단체전'으로 이기려면 똘똘 뭉치는 팀워크가 중요하다. 고객도, 직원도 '원 팀'이 되어야 공동의 목표를 달성할 수 있다.

그리고 싸울 줄도 모르고 싸우고 싶지도 않은 나 같은 경영자라면, 회사의 규모에 맞게 시스템과 프레임을 만드는 것도 중요하다. 어차피 일은 매일 터진다. 다만 누가 잘 대비했느냐의 싸움이다. 시스템이 갖춰진 조직은 피해를 최소화하고 빠르게 수습해 원위치로 돌아올 수 있다. 악의적인 공격에도 품위 있게 대응하고, 이후 보란 듯이 더욱 높이 도약할 수 있다는 말이다. 이것이 5,000배 성장을 하면서도 무너지지 않은 비결이 아니었을까? 이기는 사람이 살아남는 게 아니라 살아남는 사람이 이기는 것이라는 말이 맞는 듯하다.

뒤에도 나오지만 이 책을 쓰게 된 것은, 나의 멘토인 조서환 회장님의 권유 때문이었다. 탁월한 모티베이터인 조 회장님께 늘 감사한 마음이다. 어디서부터 어떻게 써야 하나 막막했을 때 도와준 박정혜 대표에게도 감사하다. 그리고 누구보다 시작부터 끝까지 서로 응원하며 함께 달려준 쥬비스 전·현직 임직원 모두에게 세상에서 가장 커다란 감사의 마음을 전하고 싶다.

어쩌면 이 책은 성공비법서라기보다는 회사, 직원, 고객이 함께 성장해온 르포나 다큐에 더 가깝다. 자신의 일을 사랑하고 더 잘하고 싶은 사람, 자신의 브랜드를 더 멋지게 키워 성공시키고 싶은 사람이라면 분명 나와 비슷한 고민을 하고 있을 것이다. 내가 경험한 이 놀라운 이야기들이 독자 여러분께 작은 힌트나 인사이트를 드릴 수 있다면 저자로서 더없이 기쁠 것 같다.

조성경

아침 청소의 기적

"너는 사주가 좋아서 다 잘된대"

✧   사람들이 가장 많이 질문하는 것이 '어떻게 이 사업을 시작하게 되었는지'다. 창업하기 전에 나는 프리랜서 강사로 기업이나 관공서에 컴퓨터 관련 강의를 했다. 당시 1990년대 말 김대중 정부 시절에는, 시대적으로나 정책적으로나 컴퓨터 붐이 일어 컴퓨터 관련 강의 수요가 상당히 많았다. 직장생활을 거쳐 프리랜서로 전향한 후 대기업, 공공기관, 국가기관 등에서 컴퓨터 연수 강의를 계속했다. 대학에서 정보처리학을 전공한 덕분에 컴퓨터 관련 특수 자격증이 있었고, 강의평가가 좋았던 터라 기업 강의요청이 많이 들어왔다.

프리랜서 강사로 일하면서 2가지 느낀 점이 있었다. 첫 번째는 비정규직의 서러움이었다. 강사를 '보따리 장사'라고 낮춰 말하기도 하는데, 강의하러 가면 정말 어디 한 군데 가방 놓을 곳이 없었다. 지금은 그렇지 않겠지만 그때는 프리랜서에 대한 처우가 그다지 좋지 않았다. 직장생활을 할 때는 내 책상도 있고 전화도 있었지만, 한두 번 왔다 가는 강사에게 그런 것을 지급해주는 회사는 당연히 없다. 교육 담당자가 알려주지 않으면 정말로 앉을 의자 하나 없는 강의장이 수두룩했다.

두 번째는 수입에 관한 것이었다. 정해진 날짜에 정해진 액수의 월급을 받다가 이제는 내가 노력한 만큼 보수를 받게 되었다. 한편으로는 수입이 줄어들까 봐 걱정되기도 했지만, 어쨌거나 프리랜서는 노력한 만큼 돈을 더 많이 벌 수 있는 구조. 게다가 강의요청이 점점 많아졌고, 어떤 달은 월급보다 몇 배나 더 벌기도 했다. 그런 생활을 하다 보니 어느 순간 내가 강의가 아니라 다른 사업을 해도 돈을 많이 벌 수 있겠다는 약간의 자신감 같은 것이 생겨났다.

"선생님, 혹시 다른 거 해볼 생각 없으세요?"

그러던 어느 날, 한 공기관에서 강의를 하는데 출석부에 없는 40대 여성 한 분이 뒷줄에 앉아 있었다. 사실 강사 입장에서는 1명이 더 들어오나 덜 들어오나 크게 달라지는 것은 없기 때문에 문제 삼지 않고 그냥 넘어갔다. 1주일 동안 하루 종일 하는 강의였는데, 3일 정도 지나고 그분이 쉬는 시간에 캔커피를 하나 내밀며 다가왔다.

"선생님, 저 교육자 명단에 없는 거 알고 계실 텐데, 모른 척해줘서 감사합니다."

그 후로도 그분은 쉬는 시간에 나와 이런저런 이야기를 나누었다. 마지막 날인 금요일에도 강의가 끝나고 고맙다며 찾아왔는데, 그러면서 지나가는 말로 이런 이야기를 했다.

"선생님, 혹시 다른 거 해볼 생각 없으세요? 귀에 쏙쏙 들어오게 말씀도 너무 잘하시고, 설득력 있게 설명도 잘하시니까 비만관리실 같은 거 한번 해보세요. 제가 1주일 동안 강의 들으면서 느꼈는데, 이런 딱딱한 컴퓨터 교육보다 비만관리나 체형관리 상담해주시는 게 훨씬 더 잘 어울리실 것 같아요. 외모도 이렇게 예쁘고 날씬하시니까 아주 잘될 것 같은데…."

실제로 그분은 당시 I브랜드의 비만관리숍을 운영하고 있다고 했다. 본인이 하고 있는 일이어서 더욱 확신했던 것일까? 나를 보고 '잘할 것 같은데' 하고 생각했던 것 같다. 그 이야기를 듣고부터 '정말 그럴까?' 하는 마음에 비만관리숍에 관심을 갖게 되었다. 며칠 후 그분의 숍에 직접 가보기도 했는데, 도구로 다리 마사지를 해주거나 랩을 감고 젤을 바르는 등의 일이 크게 어려울 것 같지 않았다. 그분은 계속해서 "이 브랜드가 아니어도 되니까 한번 진지하게 생각해봐요."라며 나에게 정말 잘할 것 같다고 독려해주었다.

평소 귀가 얇은 편이라 자부하는 나는 그냥 넘어가지 못하고 진지한 고민에 빠져들었다. 그리고 친정엄마에게 전화를 걸어 물었다. "엄마, 어떤 분이 나보고 비만관리실을 해보라는데 어떻게 생각해?"

"그래? 해봐, 그럼. 점쟁이가 너는 뭐든 잘된다고 했어. 네 사주에 사업이 있다고도 했고…. 마침 쌀곗돈 받은 거 있으니까 그거 가지고 하면 되겠네."

아닌 게 아니라, 때마침 수중에 곗돈 3,000만 원을 받은 게 있었다. 옛날엔 농사를 지어 1년에 한 번씩 곗돈을 내는 '쌀계'라는 게 있었는데, 친정엄마가 들라고 해서 몇 년간 곗돈을 넣었다. 당시 일산의 30평대 아파트 분양가가 1억 5,000만 원 정도였으니 3,000만 원은 꽤 큰돈이었다. 거기다 나와 동생이 직장 다니며 저축해둔 돈이 각각 1,000만 원씩 있었다. 다 합치니 5,000만 원이다. 이 정도면 정말 사업을 시작할 수 있을까?

저녁에 퇴근해 돌아온 남편에게 물어보니 남편 역시 "당신, 말도 잘하고 예쁘게 꾸미는 것 좋아하니까 잘할 것 같아."라며 한번 해보라는 것이다. 깊이 고민하고 한 얘기는 아닌 것 같았지만, 아무튼 주위에서 단 한 명도 반대하지 않고 '잘될 것 같다', '잘할 것 같다' 하니까 '정말 그럴지도?' 하는 마음이 들었다.

　　부연하자면 나는 딸만 다섯인 집에 둘째 딸이다. 다섯 자매가 함께 살았으니 옷, 화장, 다이어트 등에 관한 최신 정보가 항상 넘쳤다. 아침마다 가방, 신발, 화장품 등을 가지고 싸우는 일도 부지기수였다. 처음에는 누군가의 추천 때문에 이 업종에 관심을 가졌지만, 생각해보니 여자는 아무리 나이가 많아도 예뻐지고 싶어 한다. 나부터도 그러니까 말이다. 뷰티 불패랄까? 여자들이 아름다워지는 사업은 어느 시대, 어느 나라에서든 잘될 것 같았다. 그런 확신으로 시작한 사업에서, '진정으로 예뻐지는 것은 먼저 몸이 건강해져야 가능하다'는 것을 나중에 깨닫게 되었다.

보증금 2,000만 원에 월세 70만 원

　　일단 마음을 먹으면 오래 고민하지 않고 곧장 실행에 옮기는 편이라 나는 바로 다음 날부터 비만관리실에 대해 본격적으로 알아보기 시작했다. 당시에 목동에서 살았기 때문에 목동 아파트 단지 내 상가에서 오픈하고 싶었다. 하지만 가진 돈은 5,000만 원뿐이었고, 상가 가게는 보증금이 너무 비쌌다.

　　가격이 적당한 곳을 찾다 보니 주소지명은 목동이었지만 신정동에 더 가까운 곳으로 후보지가 점점 옮겨졌다. 아파트 단지를 조금 벗어나 일반 주택 지역에 굉장히 허름한 건물이 하나 있었는데, 거기 2층에 '쥬비스'라는 간판이 걸린 비만관리실이 하나 있었다.

속으로 '이름 예쁘네' 하면서 들어가보니, 건물주 할아버지의 며느리가 소일거리 삼아 하는 숍이었다. 부업처럼 운영하는 가게이다 보니 12시에 오픈해 5시면 문을 닫았다. 그리고 비만관리만 전문적으로 하는 게 아니라 태닝, 피부 마사지 등 여러 가지를 다양하게 하고 있었다. 나는 거기에 고객으로 등록해 1달 동안 실제로 관리를 받아보았다. 그러면서 이 숍을 어떻게 운영하는지, 주변이 어떤지, 어떤 장단점이 있는지, 뭘 바꿀지를 꼼꼼히 살폈다.

그렇게 살펴본 후에 나는 권리금 없이 보증금 2,000만 원에 월세 70만 원을 내기로 하고 건물주 할아버지와 임대계약을 했다. 당시에는 장사가 잘되는 편은 아니었기 때문에 내가 인수했을 때 고객이 총 10명이었다.

그렇게 나는 32세에 작은 가게의 사장이 되었다. 엄마가 만난 점쟁이의 말(너는 뭐든 잘된다고 했어!)이 사실이든 아니든, 얼떨떨한 기분으로 시작하긴 했지만 내 안에 어떤 스위치 같은 것이 '탁' 하고 올라간 순간이었다.

어떻게 하면
내가 쉴 때도 돈을 벌 수 있을까?

✦ 　 위치도 평수도 나쁘지 않았다. 대로변은 아니지만 시장으로 내려가는 골목길 길가였고 실평수도 50평이 넘었다. 그리고 무엇보다 국민은행이 바로 옆에 있었다. 그때는 다들 인터넷 뱅킹은 거의 하지 않았고, 은행 업무를 보려면 직접 통장을 들고 은행에 가서 번호표 뽑고 기다려야 하는 시대였다. 나는 가게 옆에 은행이 있다는 사실이 꽤 마음에 들었다.

　　은행이 우리 가게와 무슨 상관일까? 일단 시장 골목 초입에 위치한 은행은 늘 손님으로 북적인다. 다녀가는 사람, 즉 유동인구가 많다는 뜻이다. 심지어 그 동네에 은행이라고는 딱 하나밖에 없었기 때문에 동네 사람들이 은행에 가려면 무조건 그 골목 길, 즉 우리 가게 앞을 지나갈 수밖에 없었다.

그리고 뷰티 업종과 관련된 장점이 하나 더 있다. 우리가 은행에 가는 것은 결국 돈에 관련된 일을 처리하기 위해서다. 그리고 은행 일을 처리하고 나면 수중에 여윳돈이 얼마나 있는지 알 수 있다. 만약 적금이 만기가 되었다거나 어떤 이유로 목돈이 들어왔을 때, 마침 지나가는 길에 우리 가게를 보았다면 '한번 들어가 볼까?' 하고 마음먹기 쉬울 것이다. 생필품 가게나 반찬 가게라면 좀 다르겠지만, 자신에게 투자하는 미용, 뷰티와 관련된 지출은 약간의 결심 혹은 계기가 필요하기 때문이다. 그런 점에서 나는 은행 옆이라는 위치가 마음에 들었다.

복이 들어오는 나만의 아침 루틴

물론 임대료가 싼 만큼 단점도 많았다. 바로 위층에 유도 학원이 있었다. 그러다 보니 덩치가 산만 한 유도 꿈나무들이 쿵쾅거리며 계단을 오르내렸고, 영업 중에 위에서 들려오는 시끄러운 소리도 신경 쓰였다. 손님들이 불편하게 느끼면 어쩌나 하고 말이다.

그런데 가장 큰 문제는 건물 입구였다. 시장 근처의 허름한 건물들이 대체로 그렇듯이 건물 입구가 너무 컴컴했고, 그 앞

1 아침 청소의 기적

에는 지나가는 사람들이 버린 쓰레기가 아침마다 지저분하게 쌓여 있었다. 가게에 들어오기도 전에 건물 입구부터가 딱 들어오기 싫게 생긴 상황이었다.

　　나는 평소 '운'을 중시하는 편이다. 고백건대 나 자신이 실력보다 운이 좋았다고 생각한다. 그래서 나는 매일 아침 쓰레기봉투를 사 들고 나가 건물 앞, 전봇대 옆에 쌓인 쓰레기를 주워 담았다. 쓰레기를 치우고 나서는 건물 입구를 깨끗하게 쓸고 닦았다.

　　당시 함께 일했던 동생은 매일 건물 입구를 닦는 나에게 어차피 더러워질 텐데 뭘 그렇게 열심히 청소하느냐고 투덜거렸다. 동생뿐만 아니라 상가 사람들 역시 "저 여자는 뭔데 저렇게 아침마다 쓸고 닦아?"라며 궁금해했다고 한다.

　　하지만 나에게 이 아침 청소는 큰 의미가 있었다. '복이 들어와라. 좋은 운이 들어와라. 좋은 기운이 들어와라.' 하고 되뇌며 하루를 시작하는 나만의 루틴이었기 때문이다. 어쩌면 이 모든 일은 거기서부터 시작된 게 아닐까 하는 생각을 지금도 가끔 한다. 그리고 놀랍게도, 그렇게 5~6개월이 지나자 건물 앞에는 더 이상 쓰레기가 쌓이지 않게 되었다. 건물 입구도 지저분하거나 컴컴한 느낌이 별로 들지 않았다.

　　한편, 가게 내부 인테리어는 크게 손대지 않았다. 물론 늘 깨끗한 상태를 유지하기 위해 청소는 굉장히 열심히 했다. 가게 바닥도 늘 반짝반짝한 상태를 유지하기 위해서 1주일에 1번씩 꼭

왁스칠을 했다. 하지만 기존에 비만관리실을 운영하던 곳이었기 때문에 처음 얼마 동안은 집기라든가 인테리어는 물론이고 이름도, 로고도 있던 것을 그대로 사용했다.

그런데 건물 입구의 간판은 꼭 새로 설치하고 싶었다. 간판은 당시 내가 가장 공들였던 부분이기도 하다. 일단 건물 입구에 아치형으로 디귿 자 형태의 간판을 설치했다. 평면적인 간판이 아니라 사각형 기둥을 3개 이어붙인 것처럼, 입구 전체가 간판처럼 보였고 앞에서도 옆에서도 잘 보이는 구조였다. 가는 방향, 오는 방향에서 모두 잘 보이게 만들고 싶었다. 그리고 24시간 조명을 환하게 켜놓아 한밤중에도 우리 가게 간판이 잘 보이게 만들었다.

어떻게 하면 내가 쉴 때도 돈을 벌 수 있을까?

처음 가게를 열 때는 막냇동생이 일을 도와주었다. 앞에서 말했듯이 우리 집 다섯 딸 중에 막내 여동생은 대기업 비서실에서 근무한 경험이 있어 기본적으로 친절하고 센스 있는 커뮤니케이션에 능했다. 당시 나는 딱딱한 선생님 말투였다면, 동생은(막내여서 그런지?) 애교가 많은 편이었고 외모도 예쁜 데다 싹싹하고 다정다감한 에티튜드가 몸에 밴 스타일이었다. 작은 가게지만 손님들에게 프로페셔널한 느낌을 주기에 충분했다.

일단 가게 위치를 알아보고 계약을 하는 동안에도 '다이어트'에 관한 시장조사를 꼼꼼히 병행했다. 그런데 시장조사를 하다 보니 해결해야 할 문제점이 드러났다. 첫 번째는 나에게 마사지사 자격증이 없다는 사실이었다. 이런저런 업체에 물어보니 한결같이 마사지, 운동기기, 랩핑, 사우나 같은 관리 프로그램을 운영한다고 했다. 그런데 그런 것을 하려면 마사지사 자격증이 필요하다.

두 번째는 마사지사 자격증을 딴다 해도 고객 1명을 관리하는 데 보통 2시간 정도는 걸린다. 그렇다면 1인당 최대 4명의 고객을 받을 수 있고, 직원을 1명 고용한다고 해도 하루에 관리할 수 있는 고객이 8명뿐이다. 그렇게 해서는 이익이 남을 것 같지 않았다. 특히 몸에 랩을 감아주는 것은 그야말로 한 땀 한 땀 사람이 손으로 해주어야 하는 일이다. 도대체 몇 명을 감아줘야 이익이 날까 싶어 아득해졌다.

'어떻게 하면 내가 쉴 때도 돈을 벌 수 있을까?'

전공이 정보처리이다 보니 일단 계산을 해볼 수밖에 없었다. 나는 아무것도 안 하면서 모든 침대에 고객을 눕혀 관리해줄 방법이 뭘까? 침대는 8개이고, 고객 8명이 2시간 동안 동시에 관리를 받으려면 내가 고객 1명을 케어하는 데 필요한 시간이 15분을 넘기면 안 된다. 그리고 그것을 가능하게 하려면 사람 손이 아닌 기계의 힘을 빌리는 방법밖에 없었다.

　본격적으로 기계에 대한 조사에 돌입했다. 알아보니 일본이나 한국에는 체형관리 기계가 없었다. 그러다 태닝 기계, 슬리밍젤 등을 납품하는 에이전시를 발견했고, 그곳 담당자에게 내가 원하는 기계 사양을 문의했다. 담당자는 내 이야기를 듣더니 옛날에 자신에게 기계를 팔아달라고 의뢰했던 이탈리아 회사가 있다며 연결해주겠다고 했다. 나는 즉시 비행기를 타고 이탈리아로 날아갔다.

　유럽에는 이미 체형관리 기기들이 많이 사용되고 있었다. 나는 에이전시 담당자가 소개해준 이탈리아 회사에 가서 여러 기계를 살펴보고 직접 체험도 해보았다. 미용기기 중에서도 비만관리 기계로 승인이 나 있던 기계가 있었는데, 내가 직접 테스트해보니 복부와 허벅지에는 확실히 효과가 있었다. 나는 그 기계를 보자마자 '바로 이거다. 이건 된다!' 하는 확신이 들었고 당시 1대당 수백만 원이었던 이 기계를 2대 들고 왔다.

"무조건 핑크로 해주세요."

✧　　그렇게 오픈 준비가 착착 진행되고 있었다. 다행히 프리랜서로 일하던 중이었기 때문에, 내 스케줄에 맞게 강의를 계속하면서 창업준비도 병행했다. 이제 기계도 준비되었고, 오픈 날짜도 정해졌다. 그렇다면 어떻게 홍보를 해야 할까?

　　체중감량, 체형관리에 비교적 큰돈을 쓸 수 있는 고객은 목동 아파트 주민일 확률이 높았다. 내가 노렸던 고객집단도 바로 그분들이었으니 말이다. 그렇다면 어떻게 해야 그들이 찾아올까? 어떻게 하면 입구에서 '여기 뭐야?' 하고 한번 놀라고, 들어왔다가 '여기 또 뭐야!?' 하고 다시 한번 감탄하게 만들까? 주어진

조건은 바꿀 수 없었지만, 시도해볼 수 있는 영리한 마케팅은 얼마든지 있었다.

초기 자본금 5,000만 원으로 보증금과 기곗값을 지출하고 나니 돈이 턱없이 부족했다. 오픈하기 전에 광고도 해야 하는데, 게다가 최소한 한 달 정도는 매출이 없어도 운영할 수 있는 비용이 필요했다. 어떻게 하면 이 시장 골목의 쓰러져가는 건물에서 영업이 잘된다는 소문을 낼까 고민했다.

가장 먼저 생각한 것이 현수막과 전단지였다. 나는 개업일 전부터 '쥬비스 다이어트'라고 큼지막하게 쓴 핑크색 현수막을 근처 이곳저곳에 걸었다. 그리고 개업일 당일 조간신문부터 신문에 전단지 광고를 시작했다. 처음 1년간 월요일은 〈조선일보〉, 화요일은 〈중앙일보〉, 수요일은 〈동아일보〉에 단 한 주도 쉬지 않고 B4 사이즈의 전단을 1만 장씩 끼워 넣었다. 당연히 전단지는 개업 1주일 전에 디자인과 인쇄를 다 마친 상태로 지국에 전달해두었고, 현수막도 한참 전부터 걸어두었다. 돌이켜보면 나는 가게 월세를 내는 기간에 단 하루도 허투루 보내고 싶지 않았던 것 같다.

그런 완벽한 준비 덕분이었는지 개업식 바로 다음 날 첫 번째 고객이 등록을 했다. 첫 고객인 김○○ 님은 조간신문에 꽂혀 있던 전단지를 보고 찾아왔다고 했다. 사실 그분도 처음에는

'여기 뭐야, 너무 후지고 어둡네' 하며 건물 입구에서 조금 망설였다고 했다. 하지만 막상 가게 문을 열고 들어가 보니 예쁘장한 여자 2명이 밝게 웃으며 반겨주었고, 차를 마시면서 자세하게 상담해주는 것이 마음에 들었다고 한다. 결국 개업 다음 날부터 매출이 일어난 것이다.

"핑크색 원단은 세상에 없다니까요!"

전단지나 현수막에 대해 더 자세한 설명을 하기 전에, '핑크색 현수막' 이야기를 꼭 하고 넘어가야 한다. 지금도 쥬비스 다이어트 광고를 보면 메인 컬러가 '핑크'다. 이 핑크는 창업 초기부터 20년 가까이 일관되게 고객에게 인지시킨 쥬비스의 대표 컬러다. 당시에는 흔치 않았던 '컬러 마케팅' 성공 사례이기도 하다.

왜 핑크였을까? 왜 핑크를 그렇게 동네방네 발랐을까? 사실 내가 어릴 때부터 좋아했던 색깔이 핑크이기도 했고, 초기에는 타깃 고객이 주로 여성이어서 단순하게 핑크를 떠올렸을 수도 있다. 하지만 돌이켜보면 내가 핑크를 이렇게 강조하고 부각시킨 데는 좀 다른 의미도 있었다.

보통 갑자기 살이 찐 여성들은 (평소에 밝고 화사한 옷을 좋아했던 사람도) 검정색 옷으로 몸을 가리는 데 집중한다. 검정색이 날씬해 보일 것이라는 기대 때문이다. 가게를 열고 얼마 지나지 않아서 나는 회색, 검정색 옷만 입고 오는 고객님들에게 핑크색 옷을 입게 해주고 싶다는 나만의 작은 결심을 한 적이 있다.

핑크색 옷은 잘못 입으면 뚱뚱해 보이지만, 잘만 매치하면 세련돼 보인다. 핑크는 건강과 활력을 상징한다. 그리고 핑크색은 눈에 잘 띄기 때문에 핑크색 옷을 입고서는 나쁜 짓을 할 수가 없다. 당당하게, 움츠리지 않고, 숨기는 것 없이 자신을 표현하기에 좋은 색깔이 바로 핑크 아닌가? 나는 우리 가게에 오는 고객님들을 핑크가 잘 어울리는 멋쟁이로 만들어주고 싶었다. 우울한 마음을 말끔히 지우고, 몸과 마음을 활짝 펴는 일을 돕고 싶었다.

그런 생각으로 쥬비스의 아이덴티티 컬러를 핑크로 정했다. 간판, 수건, 현수막, 광고지 모두 핫핑크 일색이었다. 지금은 쥬비스가 아니어도 여러 비만관리실, 체형관리실이 다 핑크색 간판을 걸고 있지만 그때는 우리가 최초였다.

그런데 내 포부와 다르게 현수막 제작업체에 핑크색 현수막을 주문했더니 업체 사장님이 세상에 핑크색 현수막은 없다고 딱 잘라 거절했다. 아예 핑크색 원단이 나오지 않기 때문에 현수막도 못 만든다는 것이다. 핑크색 바탕에 검정색과 하얀색 글씨를 쓰면 눈에 진짜 잘 띌 것이라고 확신했는데 안 된다는 것이다. 나는 그것만큼은 절대 포기할 수가 없었다. 돈을 더 드릴 테니 염색을 해서라도 원단을 만들어달라고 조르고 또 졸랐다.

내가 하도 고집을 부리니 결국 현수막 업체 사장님이 직접 대구 염색공장까지 달려가 세상에 없던 핑크색 현수막 원단을 만들어냈다. 그때부터 만들기 시작한 핑크색 원단은 15년 후 삼성동 쥬비스 사옥 벽면에 건 대형 현수막에도 사용되었다.

처음에는 손사래를 칠 만큼 어렵고 고된 작업이었지만, 이후 쥬비스가 계속 성장해나가고 지점을 확장할 때마다 현수막 업체도 함께 성장했으니 나름대로 서로 상생한, 보람 있는 고생이 아니었을까?

한 장만 빼꼼히 튀어나와 있는 핑크색 전단지

다시 전단지 이야기로 돌아가보자. 목동 아파트 단지라는 대형 잠재고객 집단이 근처에 모여 있었고, 요즘처럼 SNS도 없던 시절이라 집집마다 우리 가게를 알리는 방법은 전단지와 현수막이 가장 효과적이라고 생각했다.

그런데 전단지 광고를 할 때도 그냥 기계적으로 한 것이 아니었다. 처음에는 요일별로 매체를 바꿔가며 어느 요일에 어느 신문에 들어가는 것이 가장 효과가 좋은지를 살펴보았다. 한 주는 월요일에 〈조선일보〉에 넣어보고, 다음 주에는 〈중앙일보〉에 넣어보면서 요일별, 매체별로 반응이 어떻게 다른지를 확인하고 가장 효율이 높은 조합을 찾아냈다.

앞서 말한 핑크색 현수막도 마찬가지였다. 금요일 저녁, 평일 낮, 퇴근 시간, 출근 시간 등 각각 다른 시간대에 걸어보면서 광고효과를 테스트했다. 이것 역시 가장 효과적인 시간대와 장소를 찾아 통계를 내고, 거기에 집중했다. 돌아보면 정말 별짓을 다 해봤다(참고로 요즘은 구청의 허가를 받지 않은 현수막은 불법이다. 또한 게시가 허용된 곳인지 아닌지를 꼭 확인해야 한다). 어쩌면 그때의 그 경험이, 20년 가까운 쥬비스 마케팅의 역사에서 '데이터 중심의 마케팅'이 태동하게 된 기반이었을 것이다.

전단지에 관한 에피소드가 하나 더 있다. 쥬비스가 초기에 2~3년간 전단지 광고를 너무 많이 하니까 어쨌든 파워가 조금 생겼고, 신문사 지국에 전단지를 넣을 때 우리 전단이 신문 위로 빼꼼히 튀어나오게끔 끼워달라고 부탁했다. 그렇게 따로 끼우는 수고가 늘어난 만큼 대신 수량을 더 늘려주었다.

신문 위로 우리 것만 튀어나오게 전단지를 넣는다는 게 사실 쉬운 일은 아니었을 것이다. 일일이 사람 손으로 해야 하는 작업이니까 말이다. 게다가 그때부터 우리 전단지 맨 위에는 '한 달에 8kg 못 빼면 전액 환불'이라는 강력한 헤드카피가 있었다. 그때는 신문에 전단지 여러 장이 뭉텅이로 들어 있었기 때문에 신문 구독자들은 하나도 보지 않고 그대로 버리곤 했다. 그런데 핑크색 전단지가 한 장만 빼꼼히 나와 있고, 맨 위에 '8kg', '전액 환불' 같은 카피가 있으니 주목도가 얼마나 높아지겠는가? 실제로 그 전단지를 보고 오신 고객도 많아져서 타율이 꽤 높은 광고였던 셈이다.

다만, 내가 모든 아파트를 돌아다니지 않는 한 지국에서 전단지를 제대로 끼웠는지 안 끼웠는지를 확인할 수가 없었다. 평소보다 손님들한테 전화가 덜 오면 "오늘은 전단지가 제대로 안 들어갔나?" 하고 의심만 할 뿐이었다 (그래서 나중에는 지국으로부터 사진을 전달받았다). 그렇게 한 10년 정도 지난 후에, 당시 지국에서 일하시는 분들로부터 그때 살짝 삐져나오도록 전단지를 끼우는 것이 그분들의 신문 인생에서 가장 힘들었다는 후일담을 듣기도 했다.

"여기는 뭔데 이렇게 사람이 많아?"

처음 시작하는 가게, 특히 작은 가게일수록 손님들에게 좋은 첫인상을 심어주고 기대감을 주는 것이 중요하다. 일단 건물 입구가 깨끗해야 하고, 멀리서도 간판이 잘 보여야 한다. 그렇게 일단 시선을 잡아끌었다면 가게로 들어온 고객에게 호기심과 궁금증을 자극해야 하는 단계다.

그 한 가지 방법으로, 나는 가게 안에 신발장을 따로 만들지 않았다. 무엇을 하러 왔든지 우리 가게에 온 사람들은 일단 입구에 신발을 벗고 들어와야 했다.

신발장이 없으면 10명만 들어와도 입구가 꽉 찬다. 그래서 처음 상담을 하러 온 손님들은 가게 문을 열자마자 제일 먼저 "여기는 뭔데 이렇게 사람이 많아?" 하고 놀란다. 그러면 "살이 잘 빠져서 사람이 많아요."라고 자연스럽게 대답했다. 이 전략은 오픈하고 5년 정도 계속 유지했다.

또 빼곡하게 꽂혀 있는 차트들을 잘 보이게 꺼내놓는 방법도 효과가 있었다. 물론 처음 몇 개월은 그렇게 할 수 없었지만, 고객 수가 많아진 후에는 일부러 고객 차트를 안내데스크 바로 옆에 꽂아두었다. 그러면 처음 방문한 고객도 그 차트들을 보고 '뭐야? 이 조그만 가게에 등록한 고객이 이렇게나 많다고?' 하고 놀란다. 그리고 상담할 때도 감량결과가 좋은 고객의 차트를 예로 들어 보여주면 신뢰도도 올라가고 관리 스킬의 우수성도 어필할 수 있었다.

신발장을 없애고 차트를 꺼내어둔 전략은 어쩌면 허름한 외관의 약점을 보완하기 위해 어쩔 수 없이 생각해낸 방법이었을 수도 있다. 하지만 겉으로만 그렇게 보이는 '마케팅 전략'의 차원을 넘어 '잘되는 가게처럼 보이다 보면 언젠가는 진짜 잘되겠지' 하는 내 기대와 바람도 반영되어 있었다.

목에 칼이 들어와도 정찰제

또 한 가지 덧붙이자면, 쥬비스에는 창업 때부터 지켜온 절대적인 룰이 하나 있다. 바로 가격할인을 하지 않는다는 것이다. 프로모션을 위한 '10% 쿠폰'도 가격을 10% 깎아주는 것이 아니라, 10%에 해당하는 관리 횟수를 추가해주는 방식이다. 처음 시작이 동네 장사였기 때문에 지키게 된 규칙이기도 하다. 매일 마주치는 동네 사람들을 대상으로 하는데 고객에 따라 가격을 달리하거나 시즌에 따라 가격이 바뀐다면 눈속임한다는 소문이 날 수밖에 없다. 그러면 신뢰가 확 무너진다. 다른 것은 몰라도 나는 그것만은 절대 용인할 수가 없었다.

당시 해외에서 들어온 유명 다이어트 업체들은 거의 모든 곳이 가격할인 정책을 기본으로 했다. 하지만 우리는 목에 칼이 들어와도 정찰제를 한다고 고객들에게 강조했다. 다른 사람을 소개할 테니 깎아달라, 3명 데려올 테니 깎아달라, 5명을 데려올 테니 공짜로 해달라 등 고객들이 어마어마하게 떼를 쓰기도 했지만, 단 한 번도 할인하지 않았다.

물론 나도 사람인지라 마음이 흔들릴 때가 있었다. 하지만 고객의 검은(?) 제안을 받아들이는 순간 그 고객 이외의 다른 모든 고객의 신뢰를 잃게 될 것이 뻔했다. 소문이 빠른 동네에서 주위 사람들이 모를 리 없다. 특히 내가 타깃으로 삼은 목동 아파트 주민들은 비교적 학력도 높고 소득도 높은 사람들이 많다. 소위 배운 사람일수록 이런 눈속임에 예민하다. 금액이 크든 작든 자신이 손해로 입었다고 생각하면 고객은 가차 없이 떠나간다. 크게 보면 그리고 멀리 보면 결국 도움이 안 되겠구나 싶어서 정찰제를 고수했고, 이것은 지금 생각해도 참 잘한 일이었다.

고객의 몸에 허튼짓하지 말자

✧ 창업 초기에 지치고 힘들 때마다 통장을 들고 은행에 갔다. ATM 기기에 통장을 넣고 '통장정리' 버튼을 누르면 지지지직 하며 거래내역이 인쇄된다. 나에게는 최고의 스트레스 해소 리추얼이었다. 그 소리를 들으면 스트레스가 다 날아가는 듯했다.

창업하고 가장 먼저 통장을 3개 만들었다. 매출 통장, 지출 통장, 이익 통장이다. 모든 매출은 일단 매출 통장에 들어온다. 그리고 지출해야 할 것들을 정리해 예산만큼 지출 통장으로 옮겨 놓는다. 임대료, 인건비, 경비, 광고비 등이 모두 지출 통장에서 빠져나간다. 그리고 남은 금액은 이익 통장에 옮겨 놓는다.

매출 통장에는 내가 열심히 상담하고 영업한 결과가 고스란히 찍힌다. 지출 통장을 보면 내가 지출해야 할 것들이 제대로 지출되었는지가 보인다. 그리고 이익 통장을 보면 이익금이 계속 늘어나고 있는 것이 한눈에 보인다. 이것을 정리하다 보면 '내가 일을 잘하고 있구나' 하는 것을 직관적으로 알 수 있다.

간혹 사업하는 분들이 '돈을 벌기는 버는 것 같은데 이상하게 돈이 없다'고 하소연한다. 하나의 통장에서 매출이 들어오고, 거기에서 바로 써버리면 돈을 못 번 건지, 너무 많이 쓴 건지 알 수가 없다. 나는 말일까지 매출 통장은 절대 건드리지 않고 매달 1일에 딱 한 번 예산으로 잡은 금액만큼 지출 통장에 돈을 옮겨 놓았다. 그리고 남는 것은 모두 이익 통장에 옮겼다. 그렇게 매달 1일에 매출 통장 잔고를 0원으로 만들어놓고 시작했다.

매출 통장의 잔액은 이번 달에 내가 올린 성과다. 지출 통장에 잔액이 남았다는 것은 예산을 잘못 짰거나 지출해야 하는 것을 빠뜨린 것일 수 있다. 아니면 무언가 예산보다 아껴서 지출한 것이다. 이렇게 통장만 잘 정리해도 한 달을 정리할 수 있었고, 이익금이 쌓여가는 것도 쉽게 파악할 수 있어서 좋았다. 그래서 통장정리가 나에게는 가장 즐거운 '마음의 보상'이었다.

쥬비스는 개업 후 광고를 단 한 달도 쉰 적이 없다. 창업 초기에는 매출의 30%를 무조건 홍보비로 썼다. 이후 매출이 점점 커질 때도 일정 부분은 항상 광고, 마케팅에 지출했다. 어떤 책을 보니까 '광고는 잊혀지지 않기 위해서 하는 것'이라고 했다. 그때 나는 TV를 보면서 '삼성, 두산 같은 대기업은 전 국민이 다 아는데 왜 계속 광고를 할까?' 하며 궁금하던 차였다. '아, 그렇구나. 저런 대기업도 잊혀지지 않기 위해 광고를 하는구나. 그렇다면 사람들이 알지도 못하는 우리를 알리면서 동시에 잊혀지지 않게 하려면 지속적으로 광고를 해야겠구나.' 하는 깨달음을 얻었다.

처음 신문 사이에 끼워진 전단지를 보면 사람들은 그냥 던져버릴 것이다. 하지만 다음 주에 또 보고, 그다음 주에 또 보면 어쩌다 꺼내서 읽어보게 되고, '도대체 이 업체는 어디에 있지?' 하며 찾아보게 된다. 그러다 보면 우리 가게를 찾아오고 고객이 된다. 사업을 하면서 이런 것을 깨닫고 알아가는 것이 너무 재미있었다. 운 좋게도 창업하자마자 돈도 잘 벌었고, 무엇보다 계속 새로운 것을 시도하고 변화를 즐기는 내가 너무 좋았다.

고객도 계속 많아졌고 영업도 잘됐는데 문제가 하나 있었다. 너무 잘되는 영업에 비해 다이어트 방법에 대한 준비가 미흡했다는 것이다. 생각해보면 내가 '어떻게 돈을 벌 것인가'에 대한 고민은 했지만 '어떻게 고객의 살을 빼줄 것인가'에 대한 공부는 별로 하지 않고 시작한 셈이었다. 그냥 남들이 하는 대로 '젤 바르고 사우나 들어가고 기계로 관리해주면 살이 빠지겠지'라고 막연히 생각했다.

즉 고객은 없고 나만 있었다는 뜻이다. 지금 생각해보면 기가 막히지만, 초반엔 사우나에서 땀 빼고, 젤 바르고, 기계로 관리하고, 하루에 2끼만 먹이고, 밥의 양도 1/3로 줄이니 고객들은 살이 정말 잘 빠졌다.

나 자신에게 너무 창피했던 사건

그런 내 관점을 완전히 바꿔놓은 고객이 있었다. 살은 빼고 싶은데 돈이 없어서 상담만 3번 했던 유치원 선생님이었다. 당시 유치원 선생님 급여가 매우 적었는데, 어느 날 상담을 하러 와서는 너무 살을 빼고 싶다며 40만 원에 해달라고 매달렸다. 마음이 무척 아팠지만, 앞에서 설명했듯이 정찰제는 쥬비스가 반드시 지키겠다고 약속한 룰이었다. 그 고객을 40만 원에 관리해드리면 온 동네에(심지어 유치원 학부모들에게까지) 소문이 날 게 뻔했다. 어쩔 수 없이 '죄송하다, 돈 모아서 3개월 뒤에 오시라'고 거절했다. 그런데 그 선생님이 정말로 돈을 모아서 3개월 뒤에 다시 찾아왔다. 당시 그분의 체중이 87kg이었는데, 나는 '굶기고 땀 빼서' 한 달 만에 13kg를 감량해주었다. 키도 큰 데다 13kg이나 빠지고 나니 너무 예뻐져서 나 역시 얼마나 신이 났는지 모른다.

그런데 한 3개월 정도 흘렀을까? 우연히 길에서 그 선생님을 봤는데 살이 배로 늘어서 몸이 다시 원래대로 돌아간 것이 아닌가? 나도 모르게 그 선생님과 마주치지 않으려고 눈을 피했고, 지금도 그 순간이 잊혀지지 않는다. 나 자신에게 너무나 창피했기 때문이다. 나는 항상 떳떳하게 사는 게 중요하다고 생각했다. 어떤 순간에도 고개 돌리거나 시선을 피하며 살지는 말자고 생각하며 살아왔는데, '어쩌다 이렇게 되었지' 하는 생각도 들었다.

그때 나는 생각했다. '많이 먹어서 요요현상이 올 수는 있지만, 정상적인 식사를 하는데도 그래서는 안 된다. 또 결과가 나쁜 고객을 피하면서까지 내가 다른 고객을 상담하고, 관리하는 것은 나 스스로에게 부끄럽고 창피한 일이다.' 관리가 끝난 이후에 고객의 몸이 다시 원래대로 돌아간다면 결국 고객을 속이는 것이나 다름없다. 그렇다면 당연히 이 사업을 계속할 수 없다.

창업 이후로 한 번도 매출이 떨어진 적이 없었다. 계속 성장만 하며 신났던 내가, 그 고객을 본 순간 얼음물을 한 바가지 뒤집어쓴 것 같았다. 이게 다 무슨 소용인가 하는 생각도 들었다. 뜨거운 것에 덴 것처럼 화들짝 놀랐고, 뭔가에 찔린 것처럼 아팠다.

그 순간 나는 '아!' 하는 깨달음을 얻었다. 공부를 해야겠다고 결심했다. 창업하고 1년 반 정도가 지났을 때였다. 그때까지는 광고가 잘 먹혀든 덕분에 사업이 잘됐지만, 고객이 감량하고 나서 1년 후에 요요현상이 온다면 그게 과연 잘한 것일까? 고객과 길에서 마주치는 것이 두려워서 도망가고 싶을 지경이라면, 내가 이 일을 계속해도 되는 걸까?

　그래서 곧장 성남에 있는 서울보건대학 도서관으로 갔다. 목동에도 공공 도서관이 있었는데 그때는 비만에 관련된 전문서적이나 건강 관련 도서는 별로 없었다. 나는 매주 토요일 성남까지 가서 《인체의 구조》 등을 탐독하며 어떻게 해야 살이 빠지는지 그 원리와 디테일한 메커니즘을 공부했다. 나는 한번 꽂히면 끝까지 파는 성격이어서 공부가 너무 재밌었다. 내가 도서관에서 공부하는 동안 남편과 아들은 학교 운동장에서 공을 차거나 캐치볼을 했는데, 지금 생각해보니 너무 고마운 일이 아닐 수 없다.

　일단 혼자서 공부를 해야 하니 집중적으로 파고들 분야를 3가지로 좁혔다. 인체를 다 알기란 너무 방대하기 때문에 체중감량과 관계가 있는 근육, 지방, 호르몬 이 3가지 분야를 먼저 집중적으로 파고들었다. 그렇게 한 1년을 정말 열심히 공부했다.

　그리고 공부하면 할수록 기존에 내가 해왔던 방법을 어떻게 바꿔야 할지가 선명해졌다. 공부를 통해 고객의 몸에 안 좋은 걸 하면 살이 찌고, 고객의 몸에 좋은 걸 하면 살이 빠진다는 사실을 알게 되었다. 그렇다면 고객의 몸에 안 좋은 것은 무엇이고, 고객의 몸을 좋게 하는 것은 무엇일까? 내가 공부한 것을 쥬비스 다이어트에 어떻게 적용해야 할지를 고민하는 단계에 이르렀다.

사업의 방향을 다시 잡다

결국 공부를 통해 나는 사업의 방향을 다시 잡았다. 우선 고객의 몸을 건강하게 만들려면 5대 영양소를 먹여야 한다. 5대 영양소를 어떻게 먹일까? 밥으로 먹여야 한다. 그리고 고객의 몸은 피로가 잘 풀려야 된다. 그래야 순환이 잘된다. 피로를 풀려면 수면이 중요하다. 수면을 방해하는 게 뭘까? 밀크커피가 주범이다. 그때는 다들 밀크커피(설탕과 프림이 들어간 커피믹스)를 하루에 서너 잔씩 마시면서 회사 생활을 하던 시절이었다. 그래서 가장 먼저 '밀크커피 안 마시기'를 고객들과 약속했다.

고객들은 밀크커피 안 마시기를 가장 힘들어했다. 그런데 살이 찌는 분들이 하루에 밀크커피를 몇 잔이나 마시는지 세어보면 그 양이 대단하다. 평균 3~6잔이나 마신다. 이렇게 마시면 설탕도 문제지만 카페인의 양이 엄청나다. 엄청난 양의 카페인을 들이부었으니 밤에 잠을 자도 피로가 풀리지 않고, 피로가 풀리지 않으니까 아침에 붓는다. 아침에 부은 채로 일어나면 호르몬이 다시 식욕을 자극한다.

그리고 살이 쉽게 찌는 분들의 공통적인 패턴이 있다. 일단 피곤하거나 입맛이 없어서 아침을 거른다. 아침을 안 먹으면 점심에 폭식하고, 점심에 폭식하니까 저녁은 또 먹는 둥 마는 둥 한다. 저녁을 적게 먹으면 야식이 당기고, 야식을 먹고 나면 배가 불러 잠이 안 온다. 잠이 안 오면 숙면을 못 하니까 또 아침에 피곤하고 붓는다. 그러면 또 아침을 건너뛰고, 점심에 폭식하고…, 뫼비우스의 띠처럼 끝나지 않는 악순환이다. 이 악순환이 반복되는 생활패턴을 유지하는 한 정상체중은 물론이고 건강 유지 자체가 불가능하다.

그리고 '8kg 못 빼면 전액 환불'이라는 캐치프레이즈도 바꾸었다. 일률적으로 8kg을 빼도록 하려면 굶길 수밖에 없다. 그래서 감량 목표치를 고객의 체중에 따라 달리했다. 그래야 정상적으로 밥을 먹일 수 있고, 무너진 호르몬 균형도 바로잡을 수 있다.

먼저 밥을 먹이는 데 집중했다. 세 끼를 먹이는 데 집중하되 그렇다면 어떤 밥을 먹여야 할까? 탄수화물인 밥이 살찌게 만든다는데 왜 그럴까? 살이 찌는 탄수화물이 왜 5대 영양소에 포함된 걸까? 궁금증이 생긴 나는 또 미친 듯이 영양학 책을 파고들었다. 탄수화물이 살찌게 만드는 게 아니라 탄수화물의 껍질을 다 벗기니까 몸에 필요한 영양소까지 사라진 것이 문제였다. 그래서 최대한 도정을 적게 한 현미밥을 먹게 했다. 현미에 든 섬유질이 배변 활동도 돕기 때문이다.

세 끼를 먹이면서 순환을 방해하는 염분도 조절하도록 했다. 한국 음식은 염분이 너무 많다. 그걸 줄이는 방법이 필요하다. 밥을 먹으면서 살을 빼면 단기간에 과도하게 빠지지는 않는다. 그러니 감량 목표치를 5~8kg 정도로 조절했다(보통 여성 몸무게의 10% 정도다). 그래서 현수막 문구도 '5~8kg 못 빼면 전액 환불'로 바꿨다. 굶기면 뺄 수 있지만, 요요현상이 올 수밖에 없다. 그러니 요요현상을 없애는 데 포커스를 맞추었다. 그렇게 쥬비스 고객들이 가장 좋아하는 카피 "고객의 몸에 허튼짓하지 않는다"가 탄생했다.

몸도 무겁고, 자신감도 없고,
입을 옷도 없고

✧ '왜 살이 찌는 걸까? 아니, 왜 살이 안 빠지는 걸까?'

그 당시 가장 열심히 공부한 주제가 바로 이것이었다. 건강이 안 좋아서 살이 찌고, 피곤해서 살이 찌고, 살이 찌니까 더 기운이 없는 것인데, 나 역시 제대로 공부하기 전에는 그 말을 믿지 않았다.

가끔 사람들이 나에게 "회장님은 한 번도 살쪄본 적이 없고 평생 날씬했을 텐데 뚱뚱한 사람들의 마음을 어떻게 아느냐?"며 의혹(?)의 눈초리를 보내기도 한다. 하지만 나도 출산 후에 원래 체중으로 돌아가지 않아 고생했던 경험이 있다.

1 아침 청소의 기적

20대 후반에 내가 읽었던 임신, 출산 책에는 12kg까지 찌면 된다고 쓰여 있었다. 나 역시 별생각 없이 '12kg 정도는 쪄도 되나 보다' 했다. 그래서 진짜 딱 12kg가 쪘다(물론 내 마음대로 그렇게 한 것은 아니고 우연히 그렇게 되었다). 그런데 출산 후에 딱 5kg만 빠지고(아기 몸무게가 3.9kg였다) 나머지 7kg이 정말 안 빠졌다.

직장생활을 할 때였는데, 당시에는 출산 휴가가 두 달뿐이었다. 출산 예정일 직전까지 일을 했지만 아기가 열흘이나 늦게 나오는 바람에 몸을 회복시킬 시간이 한 달 반밖에 없었다. 그 짧은 시간에 원래 체중으로 돌아가기란 불가능했다. 노력을 안 한 것도 아니다. 칼로리 소모가 많다는 스쿼시도 해봤고, 수영도 해봤고, 틈틈이 스트레칭도 했다. 몸이 자꾸 붓는 것 같아서 미역국도 일부러 적게 먹었는데 체중은 요지부동이었다. 그래서 결국 4~5kg은 빼지 못한 상태로 다시 출근을 했다.

거울에 비친 내 모습을 외면한 순간

그때는 사람들 앞에 서는 일을 하다 보니 똑 떨어지는 정장 스타일의 옷을 자주 입었다. 그러니 체중이 4~5kg만 늘어나도 예전 옷은 입을 수가 없다. 종일 온몸이 땡땡 부은 듯한 느낌이 가시질 않았다. 항상 피곤하고 찌뿌둥했고, 기분도 늘 우울했다. 지금 생각해보면 당연한 일이다. 갓난아기를 돌보는 것만 해도 쉬운 일이 아닌데, 100일도 안 된 아기를 떼어놓고 출근을 하려니 몸도 마음도 너무 힘들었던 것 같다.

아가씨 때는 출근길 쇼윈도에 비친 내 모습을 보면 기분이 좋아지고 긍정과 의욕이 마구 솟았는데, 그때의 나는 거울 속의 내 모습을 쳐다보기도 싫었다. 평생 자신감이 그렇게 바닥을 쳐본 경험은 그때가 처음이었다. 7~8개월 정도 그랬던 것 같다. 다시 일을 시작하면 빠지겠지, 출퇴근하면 빠지겠지, 강의 많이 하니까 빠지겠지 했는데 끝끝내 4kg은 안 빠졌다.

누군가는 "4kg쯤이야 며칠 굶고 운동하면 금방 빠지는 거 아니야?" 하고 말할 수 있다. 하지만 나는 키가 158cm 정도이기 때문에 4kg 차이는 어마어마했다. 아기 한 명을 늘 업고 다니는 것과 마찬가지니까 말이다.

몸도 무겁고, 자신감도 없고, 더 중요한 것은 입을 옷도 없었다. 항상 살을 뺄 거라고 생각했기 때문에 일부러 한 치수 큰 옷은 사지 않았다. 옷장에 옷이 정말 많았음에도 당장 입을 수 있는 것이 없으니까 출퇴근 복장이 몇 벌 안 됐다. 같은 옷을 계속 번갈아 입었고, 그나마도 입을 수 있는 옷은 허리가 고무줄로 된 통치마 같은 스타일, 즉 나를 가리는 데 충실한 그런 옷뿐이었다. 예쁘게 꾸미는 걸 좋아하고 항상 자신감이 넘치던 나였는데, 세상에 이렇게 우울할 수가 없었다.

공부하면서 그때 기억을 떠올렸다. '나도 살이 쪘을 때 그렇게 몸이 붓고 컨디션이 안 좋았는데…' 살이 찌는 이유와 살이 빠지는 원리를 공부하면서 그 내용을 그때의 나에게 대입해보았다. 그때 내가 왜 그렇게 피곤하고 우울했는지, 왜 그렇게 살이 안 빠졌는지가 정말 퍼즐 조각처럼 꼭 맞아떨어졌다. '그래, 내가 그때 그랬지. 그래서 하체가 늘 붓고 허벅지가 진짜 굵었지. 그래서 그렇게 라면을 먹었지.'

창업했을 때만 해도 내가 제일 좋아하는 음식이 호떡이었다. 가게 근처에 호떡집이 있어서 오후에 당이 떨어지거나 입이 심심할 때마다 호떡을 사 들고 와서 동생이랑 하나씩 나눠 먹었다. 그랬던 내가 공부를 하고 나서 밀가루를 끊었다. 밀가루 자체가 안 좋다기보다 밀이 수입될 때 들어가는 방부제와 표백제가 문제다. 그 표백제가 하는 역할이 무엇인지, 그래서 밀가루의 유통기한이 얼마나 긴지를 알게 된 순간, '수입 밀가루는 먹는 게 아니구나'를 깨닫게 됐다.

그래서 밀크커피도 끊었고, 밀가루도 끊었으며 그 좋아하던 호떡도 끊었다. 그리고 현미밥을 먹기 시작했다. 공부할수록 현미밥에 대한 강한 확신이 들었고, 이것은 지금까지도 내가 가장 중요하게 생각하는 것 중 하나다. 아이가 어릴 때부터 우리 집은 무조건 현미밥을 먹었는데, 당연하게도 아이 입맛에 현미밥이 맞을 리가 없고, 가끔 '현미밥 없는 집에서 살고 싶다'고 투정도 부렸다(집에 친구도 안 데려왔다). 하지만 나는 지금까지 100% 현미에 검정콩을 넣고 밥을 지어 먹는다. 고객들에게도 물론 현미밥을 권한다. 이것은 나중에 쥬비스 푸드의 '현미밥바'가 탄생한 배경이기도 하다.

"아니, 세 끼 밥을 다 먹고 어떻게 살을 빼요?"

그런데 쉽게 살찌는 사람의 공통적인 식습관이 하나 더 있다. 밥은 살이 찐다고 생각하기 때문에 가능한 적게 먹지만, 반찬은 진짜 많이 먹는다. 그런데 반찬은 소금이나 설탕 없이 조리할 수가 없다. 반찬을 많이 먹는다는 것은 결국 순환을 방해하는 소금도 많이 먹는다는 뜻이다. 그래서 나는 고객들에게 반찬의 양을 줄이라고 권한다. 밥보다 반찬을 더 많이 먹지 말라는 뜻이다. 예를 들어 밥 한 숟갈에 반찬 한 젓가락 먹는 정도를 유지하면 반찬의 양을 줄일 수 있다. 그러면 자연스럽게 소금, 설탕 섭취량도 줄어든다.

이 부분은 나중에 통계로도 확인할 수 있었다. 우리 고객들이 쓴 식단일기를 분석해본 결과, 살이 잘 안 빠지는 고객들은, 예를 들어 밥은 1/3공기를 먹어도 반찬을 8가지 먹었다. 1/3공기라는 밥의 양은 아무리 아껴 먹어도 8숟가락이 안 나온다. 그러니 식단일기에 밥을 1/3공기 먹었다고 쓴 고객들은 밥보다 반찬을 더 많이 먹었다는 의미다.

식당에 가서 사람들이 밥을 어떻게 먹는지 지켜보면 알 수 있다. 밥을 다 먹고도 젓가락을 못 내려놓는다. 메추리알 조림 하나 집어 먹고, 어묵 하나 집어 먹고…, 반찬 그릇이 다 비워질 때까지 젓가락을 못 내려놓는다. 왜냐? 포만감이 없기 때문이다. 왜 포만감이 없냐면 탄수화물을 너무 적게 먹어서다. 그러니 아무리 밥을 조금 먹어도 자꾸 붓고 살이 찐다. 물만 먹어도 살찐다는 분들은, 밥 대신 반찬이나 간식으로 배를 채워서 그런 경우가 많다.

그리고 과거에는 '5대 영양소'로 충분했지만, 우리나라도 근대화 이후 '6대 영양소'인 섬유질이 필요해졌다. 예전에는 채소 위주로 섭취하다 보니 섬유질이 부족할 틈이 없었다. 그런데 갑자기 육류 섭취가 대폭 늘어나면서 동물성 지방을 처리하고 내보낼 섬유질이 더 많이 필요해졌다. 그래서 우리는 고객의 식단에 무조건 채소를 포함시켰다. 몸속에 과다하게 쌓인 지방, 혈관에 있는 지방을 내보내야 순환이 되면서 부종이 없어지고 감량이 잘되기 때문이었다. 나물무침 같은 음식도 도움이 되지만, 아무래도 데치면서 영양소도 일부 파괴되고 달고 짠 양념을 해야 하니 나물보다 생채소가 나았다.

이렇게 인체의 메커니즘과 영양학 공부를 한 후에 프로그램을 새로 짜고 적용하고 업데이트하기를 반복했다. 처음 쥬비스를 오픈했을 때는 기계관리가 최우선이었지만, 내가 공부를 한 이후에는 밥을 세 끼 먹이는 것이 최우선이 되었다.

고객들에게 상담할 때 "세 끼 식사를 제대로 하셔야 관리받으실 수 있어요." 하면 "아니, 세 끼 밥을 다 먹고 어떻게 살을 빼요? 내가 밥 먹어봤는데 안 빠졌어요."라고 의심하는 고객들이 많았다. 그런 고객들에게는 "안 빠지면 환불해드릴게요. 대신 밥은 꼭 현미밥으로 드시고, 밀가루·밀크커피·술 이 3가지는 드시면 안 돼요. 이걸 지켜야 환불해드려요."라며 안심시켜드렸다.

그렇게 건강한 음식을 잘 먹이는 방향으로 프로그램을 수정한 후 정말 좋은 결과를 거두었던 고객 한 분이 생각난다. 어느 날, 차분한 인상의 50대 여성분이 조심스럽게 문을 열고 들어와 상담을 받으셨다. 고위 공직자인 남편을 따라 해외에서 오래 살다가 돌아왔다고 했다. 해외에서는 평범한 체구라고 생각하며 살이 좀 쪄도 '그냥 그런가 보다' 하고 살았는데, 한국에 돌아와 건강검진을 했더니 결과가 너무 안 좋게 나왔다고 하셨다 (그리고 한국 여성들은 왜 이렇게 다들 날씬하냐며 놀랐다고도). 당시 78kg 정도였는데, 내장지방도 많고 고지혈증 등도 있다고 했다. 그분은 우리 프로그램 설명에 만족스러워하며 결제까지 마치고 돌아가셨다.

실제로 관리 한두 번 만에 2~3kg 정도 빠졌는데, 며칠 후 남편이 화를 불같이 내며 찾아왔다. 고위 공직자라는 남편은 '이런 믿지 못할 회사에서 무슨 살을 빼준다고 광고를 하느냐'며 당장 환불해달라고 했다. 당시에 지점이 10개쯤 있었고 연매출도 100억 원대였는데, 그분의 거친 표현에 나는 정말 자존심이 상했다. 그래서 그 자리에서 환불해드렸다.

그런데 정확히 3일 뒤에 다시 고객이 찾아왔다. 남편과 병원에 갔더니 식욕억제제 약을 3개월 치나 처방해주더라는 것이다. '미국에서도 초고도 비만인 경우에만 처방해준다던데, 그래서 몇 주 이상 먹으면 안 된다고 하던데, 그런 약을 나보고 3개월이나 먹으라고?' 약을 먹으라니까 덜컥 겁이 났다고 했다. 그래서 그 고객은 '내가 당신 따라 외국까지 갔는데 이 돈도 못 쓰냐'며, '내 몸 내가 알아서 할 테니까 놔두라'고 하면서 크게 싸우셨다고 했다. 그리고 정말 환불해드린 돈을 다시 들고 오셨다.

그렇게 해서 그 고객은 적정체중인 52kg까지 감량했고, 자연스럽게 혈압과 콜레스테롤도 정상으로 돌아왔다. 매우 건강해졌다는 의사의 소견도 들었다고 했다. 그런데 관리를 다 마치고 얼마 후에 본점으로 난 화분이 하나 배달되어왔다. 리본 양쪽에 딱 두 마디, "○○○ 남편 / 고맙습니다"라고 쓰여 있었다. 불같이 화를 내던 그 남편으로서는 최대한의 감사표현이 아니었을까? 그리고 몇 년 후에 두 분은 다시 해외로 나가셨다고 들었다.

감량결과가 좋아서 기억에 남기도 하지만, 나는 당시 그분께 아들 키우는 법도 배웠다. 아들을 키울 때는 '지금 좋을 거냐,

나중에 좋을 거냐' 이 두 가지만 생각하라고 하셨다. 아들도 좋고 물론 딸도 좋지만, 아들은 늦게 철드는 경우가 많아 지금은 섭섭해도 나중에 좋을 수 있다는 조언이었다. 그러면서 이런 말씀도 덧붙이셨다.

"조 원장, 다이어트도 그런 것 같아. 약 먹고 굶어 가면서 빨리 뺄 수는 있지만, 그러면 지금은 좋은데 나중에는 안 좋을 수 있잖아요? 그런데 쥬비스는 나중에도 내 몸에 좋은 걸 가르쳐주니까. 아들 키우는 것도 똑같아. 아들 고민도 그렇게 생각하면 쉽게 답이 나와요."

AI 컨설팅을 가능하게 해준
첫 단추 식단일기

✧   그렇게 기계관리에 더해 식단관리, 영양관리 쪽을 보강하
면서 고객에게 식단일기 수첩을 드렸다. 고객이 언제 어떻게 무
엇을 먹었는지 스스로 작성해 다음 회차에 들고 오면 컨설턴트가
식단일기를 분석해드렸다. 적게 먹었느냐, 많이 먹었느냐의 기준
이 아니라 6대 영양소를 골고루 먹었느냐 위주로 보고, 부족한 부
분은 조언해드렸다. 뒤에서 자세히 소개하겠지만, 어떻게 보면 이
식단일기는 빅데이터를 이용한 AI 컨설팅을 가능하게 해준 첫 단
추였다.

수천, 수만 가지의 식단일기를 분석해보았다. 고기를 전혀

안 드시는 분, 밥을 안 드시는 분, 채소만 드시는 분, 대체식에 너무 의존하는 분, 환 종류(예를 들어 청국장환이나 다시마환 등)를 너무 많이 드시는 분 등 별의별 식습관들이 있었다. 그분들에게 무조건 잘못했다고 하기보다는 더 좋은 식단으로 조금씩 바꾸어갈 방법을 추천해드렸다.

사람은 무언가를 '끊는 것', 즉 하지 말아야 할 것을 하지 않는 게 가장 어렵다. '무조건 금지'가 아니라 '국수가 먹고 싶을 때는 두부면을 드셔보시면 어때요?', '초콜릿 대신 생김을 몇 장 드시면 포만감이 생길 거예요.' 하는 식으로 대안을 제시하면 차츰 건강한 식습관을 만들 수 있다. 그러기 위해서는 기존 고객의 식단 중에 감량결과가 가장 좋았던 분들의 데이터를 분석해 비교해 보여주고, 어떤 효과가 나왔는지를 설명해준다. 그러면 고객들은 비교적 쉽게 납득하고 식습관을 개선해나갔다.

어쩌면 이렇게 식단을 하나하나 분석하고, 감량결과와 연동해 효율이 높은 '베스트 식단'을 찾아낸 활동들은 나에게도 큰 실전 공부가 되었다. 웬만한 임상실험 데이터보다 더 정확하고 더 규모가 큰 연구결과였던 셈이다.

이후 식단을 포함한 고객 차트를 조금 더 면밀하게, 더 종합적으로 분석하기 시작했다. 고객의 직업, 성별, 성향, 생활습관, 체형, 수면, 식단을 종합적으로 분석해보니 더더욱 식단에 따라 감량속도가 좌우된다는 사실이 명확해졌다. 결국은 먹어야 살

1 아침 청소의 기적

이 빠지는 것이었다. 그뿐 아니라 호르몬도 중요하기 때문에 수면, 운동, 식사, 스트레스 등 모든 습관의 구조를 바꿔주지 않으면 살이 빠지지 않았다. 그때부터 나는 고객들에게 '왜 몸에 좋은 것을 먹어야 살이 빠지는지'를 설명했다. 이유와 근거, 데이터가 있어야만 고객을 설득할 수 있고, 고객이 설득되어야 체중이 빠지기 때문이다.

해외 논문, 통계에서 설득의 포인트를 찾다

그러면서 고객 컨설팅을 회차별로 다르게 하나하나 만들어갔다. 컨설팅에 대한 우선순위를 정하고 그것에 대한 연구논문을 찾고 논문에서 통계와 근거를 찾았다. 그리고 상담할 때 십분 활용했다. 예를 들어 내가 그냥 "10시에 무조건 주무세요." 하고 말하는 것과 "미국 콜롬비아 의과대학에서 대규모 수면연구를 했는데, 10시 전에 자는 사람과 10시 후에 자는 사람을 나눠 분석해보니 전자가 무려 ○○%나 더 많이 체중감량에 성공했다고 합니다."라고 자세히 설명하는 것은 설득의 포인트가 다르다.

게다가 그때 쥬비스는 가게 하나뿐인 작은 회사였기 때문에 고객이 우리 얘기를 믿으려 하지 않았다. 나라도 누가 아무 근거 없이 "이렇게 하세요. 저렇게 하세요." 한다면 '뭐지? 무슨 근거로 저렇게 말하지?' 하며 의심했을 것 같다. 그래서 나는 통계와 논문에 더 집착했다.

2000년대 초반에만 해도 한국인을 대상으로 한 비만연구가 그렇게 많지 않았다. 신뢰할 만한 학술지에 게재된 논문은 대부분 미국 대학이나 병원의 연구들이었고, 그러다 보니 미국 유명 대학의 이름을 거론하며 연구결과를 언급할 수밖에 없었다. 전 세계에서 비만율이 가장 높은(OECD 주요국 기준) 미국의 데이터이다 보니 고객들도 쉽게 이해했고 신뢰했다. 그런 설명을 곁들이면서 일단 한 번 따라 해보시라고 설득했다.

그렇게 프로그램을 바꾸고, 컨설팅을 바꾼 결과는 어떻게 되었을까? 놀랍게도 기존의 방법보다 훨씬 더 감량결과가 좋았다. 굶기지 않고 세 끼 밥을 먹으며, 잠을 제때 재우고, 몸에 해로운 것을 피하게 했더니 고객들은 그야말로 살이 쑥쑥 빠졌다. 사우나, 랩핑 등 기존의 방법이 수분을 빼는 데 그쳤다면 식단, 수면, 스트레스 등을 종합적으로 관리하자 살 빠지는 속도가 급격하게 빨라졌다. 내가 한 공부가 타깃을 정확히 맞춘 것 같아서 너무 보람 있고 재미있었다.

"바른 다이어트가 가장 빠른 다이어트이고, 가장 빠른 다이어트가 가장 실패한 다이어트다."

나는 여전히 이 말이 진리라고 생각한다. 몸을 알고 영양을 공부해 '바른 다이어트'를 하자 고객들은 요요현상 없이, 끝까지 적정체중이 지속되었다. 고객의 몸에 허튼짓하지 않고 올바른 지식을 올바르게 몸에 적용해 성공한 것이다. 그러한 확신은 쥬비스 다이어트를 가장 바른 다이어트로 만들어주었다. 결국 우리 몸은 불균형을 바로잡고 올바르게 만들어주면 빠르게 정상화된다. 몸이 올바른 상태로 돌아오면 그때부터는 우리 몸이 스스로 그 상태를 유지하려고 한다. 어쩌면 그게 가장 바른 다이어트일 것이다.

어쩌면 그때부터 자신감이 크게 올랐던 것 같다. 그 후에도 길에서 그 유치원 선생님 고객을 피했던 순간을 가끔 떠올렸다. 한 대 맞은 것 같았던 충격이 비로소 조금씩 가라앉았고, 대신 확신과 자신감이 채워졌다. '아, 이거 되는 사업이구나!' 하는 생각이 들었고, 정말 재밌어서 영업도 미친듯이 했다. 내가 연구한 방법, 내가 고객들에게 적용시켜 좋은 결과를 가져온 방법에 확신이 생기니 똑같은 영업을 해도 유입되는 고객수가 완전히 달라졌다. 기존 고객의 감량결과가 좋으니 상담이 잘되고, 상담이 잘되니까 객단가도 높아졌다.

처음 가게를 오픈할 때 이런 상상을 하곤 했다. 고객수가 너무 많아져서 "고객님, 저희 예약이 두 달치가 꽉 차 있어서, 죄송하지만 두 달 후에 다시 오시겠어요?" 하는 것 말이다. 그런데 정말 2년 만에 그 일은 현실이 되었다. 하루에도 몇 번씩 전화로 문의를 하는 고객에게 나는 정확히 똑같은 말을 했다.

직원들도 신나게 일할 수밖에 없었다. 기계 세팅이나 매장 관리 같은 단순업무를 하기 위해 입사했던 직원들에게도 컨설팅을 가르쳤다. 그렇게 고객이 늘고 더 많은 직원이 들어오면서 쥬비스는 급격히 성장하기 시작했다.

좋은 인재들이 모여들게 된 이유

✧　　처음에는 고객이 한 번 관리받는 시간이 보통 1시간 반에서 2시간이었다. 동생과 나 둘이서는 도저히 케어할 수가 없었다. 그래서 6개월 정도 지난 후부터 직원을 뽑기 시작했다. 그때는 보통 지역신문인 〈벼룩시장〉에 구인·구직 광고를 냈는데, 나의 채용기준은 2가지였다. 업종의 특성상 외모가 준수할 것, 그리고 고객과 항상 소통해야 하니 아이컨택트를 잘할 것. 그런 기준을 갖게 된 데에는 사연이 있었다.

　　한번은 면접을 보는데, 지원자가 아이컨택트를 못 하는 것이다. 상대방의 눈을 바라보며 이야기를 해야 하는데 그러지 못했다. 하지만 외모는 정말 연예인처럼 예쁜 친구였다. 그때는 고객이 갑자기 너무 많아져서 일손이 급했고, 직원들이 2~3개월마다 그만두던 상황이었다. '일할 때는 별 문제 없겠지' 하는 마음으로 그 지원자를 성급하게 채용했다.

그런데 막상 출근하고 보니 문제가 생각보다 컸다. 그 직원은 아예 고객과 대화하는 것 자체를 어려워했다. 어쩌면 업무의 대부분이 고객과 소통하는 것인데, 대화 자체가 어려울 정도라면 이건 배우고 연습한다고 해서 되는 일이 아니다. 이 일과 맞지 않는 사람인 것이다.

직원의 외모에 대한 것도 우여곡절(?)이 많았다. 한번은 성격이 밝고 붙임성 좋은 지원자였는데(아이컨택트도 잘했다) 체구가 조금 통통한 편이었다. 나는 '입사해서 빼면 되니까 괜찮겠지' 하고 그 지원자를 채용했다. 그런데 막상 데스크에 앉아 일을 하려고 하니 고객들이 그 직원을 싫어했다. 심지어 대놓고 막말을 하는 고객도 있었다. "저 친구는 왜 이렇게 뚱뚱해요? 저 직원부터 빼라고 해요. 저 직원 살 빼면 다시 올게요." 세상에! 본의 아니게 직원이 마음의 상처를 받는 일이 생기고 말았다.

그래서 어쩔 수 없지만, 업종의 특성상 외모에 자신감이 있어야 이 일을 잘할 수 있겠다는 깨달음을 얻었다. 사람을 외모로 평가해서는 안 되지만, 어찌 되었든 우리 회사는 외모를 가꿔 건강과 자신감을 키워주는 회사다. 대부분의 뷰티 업계처럼 우리도 가급적이면 고객의 기대치나 로망(?)에 부합하는 직원이 필요했다.

직원을 높여주는 것이 내가 사는 방법

그런데 내가 공부를 하고 난 후에는 직원을 채용하는 기준도 달라졌다. 그때부터는 고객과 상담을 할 때도 외모적인 것보다 몸의 균형과 건강을 더 중시했기 때문이다. 식품영양학과, 체형학과, 체육학과, 근육학과, 한방학과처럼 대학 때부터 몸에 관련된 지식을 공부한 사람 위주로 뽑았다. 내가 몸에 대한 공부를 하고 나니 연구개발(R&D)에 힘을 쏟아야겠다는 생각이 더욱 커졌고, 직원 세팅부터 그 부분을 염두에 두었다. 연구개발 부분을 지속적으로 발전시켜야 했기 때문이다.

그래서 관련 전공자를 채용했더니, 고객들도 좋아했지만 나 역시 좀 더 심도 깊은 토론을 할 수 있어서 좋았다. 고객과 상담할 때도 "이 친구가 식품영양학과 나왔어요.", "체대에서 근육학을 전공했어요." 하고 소개하니까 컨설턴트에 대한 신뢰도도 훨씬 높아졌다.

그 과정에서 한 가지 배운 것이 있다. 직원을 높여주는 것이 내가 사는 방법이라는 것이다. 고객은 누구나 원장한테 관리받고 싶어 한다. 하지만 모두 그럴 수는 없다. 그러니 직원의 전공이 무엇이고, 기존에 얼마나 많은 고객의 몸무게를 감량시켜줬는지를 자랑스럽게 소개하면서 직원을 높여주면 고객의 신뢰도 올라간다. 그뿐 아니라 "어제 이 친구 고객님이 어마어마한 케이크를 사 들고 왔잖아요." 하는 식으로 아주 사소한 것부터 큰 것까지 칭찬을 덧붙이며 다양한 방법으로 직원을 높여주었다.

지점을 낸 후에는 지점 책임자들도 전공자를 채용하고 그 부분을 강조했다. 그때까지 나는 내가 다이어트와는 전혀 무관한 전공이라는 사실이 약간 콤플렉스였다. 그래서 특히 직영점 책임자는 비만학과 석사, 식품영양학과 석사, 간호학과 석사 출신 등 프로필이 좋은 분들을 적극적으로 채용했다. 그리고 각 지점에는 책임자들의 학위나 자격증 등을 잘 보이게 전시해두었다.

겉으로 그럴듯해 보이려는 목적이 다는 아니었다. 그들과 같이 스터디를 정말 열심히 했다. 매주 토요일 오후에 모였는데, 그들의 전문 지식을 배우면서 우리 프로그램과 서비스를 발전시킬 수 있는 귀중한 토론의 장이었다. 지적 희열이랄까? 그렇게 치열한 스터디를 마치고 마시는 맥주 한 잔은 세상에서 가장 시원하고 맛있었다.

처음에는 자그마한 다이어트숍으로 출발했지만 몸의 원리, 영양소, 순환 같은 것을 공부해 방법을 발전시켰고, 그러자 그와 관련된 인재들이 모여들었다. 그러니 결과는 더욱 좋아지고 고객은 더 많아졌다. 고객의 신뢰를 받으니 직원들도 더 신나게 일했다. 어느 업종이나 마찬가지이겠지만, 중요한 것은 고객으로부터 신뢰를 받는 것이다. 돌아보면 내가 창업 초기부터 가격할인을 하지 않았던 것도 신뢰를 잃기 싫어서였고, 다이어트 프로그램을 발전시키고 적용하는 과정에서도 가장 중요하게 여긴 것이 고객의 신뢰였다. 시간과 돈을 투자하는 고객들이 우리 직원을 믿고, 우리의 방법을 믿고, 결국엔 원하는 목적을 달성해 계속해서 우리 회사를 믿어주길 바랐다.

체인점 실패에서 배운 것들

✧   2002년 4월 20일에 가게를 오픈하고 딱 10일 만에 매출이 2,500만 원을 넘었다. 지금도 기억하는데 90만 원씩 28명이 등록했다. 둘째 달은 4,000만 원, 셋째 달은 5,000만 원, 그렇게 매출이 계속 올랐고, 연말에는 월 8,000만 원까지 뛰었다. 다음 해, 그다음 해부터는 월매출 1억 원 선을 안정적으로 유지했다. 그때가 2003년, 2004년이었으니까, 당시 이만한 가게에서 월매출 1억이 나온다는 것은 꽤 이례적인 일이었다.

사실 나는 목동점 하나로 잘 먹고 잘살(?) 생각이었다. 다른 지점을 내거나 목동점을 더 확장할 생각이 별로 없었다. 사업을 크게 키우는 것보다는 그저 월급보다 조금 더 많은 돈을 벌면서 재밌게 살고 싶었다.

그런데 직원들의 역량이 부쩍부쩍 성장하는 것을 보니 지점을 내줘도 되겠다는 생각이 들었다. 그래서 2005년 후반에 분당점과 송파점을 냈다. 두 곳 다 직영점이었다. 그런데 목동점 고객 중에 체인점을 내달라는 요청하는 고객이 너무 많았다. 실제로 자신이 16kg, 21kg씩 체중감량에 성공해 날씬해진 체험을 해본 분들이었다. 직접 체험했으니 '이건 진짜 되겠다' 싶었을 것이다. 게다가 여유자금이 꽤 많은 40~50대 주부 고객들이니 체인점 욕심이 왜 안 났겠는가? 그분들은 나를 볼 때마다 엄청나게 졸라댔고, 심지어 매주 토요일마다 와서 체인점을 내달라고 종일 앉아 있기도 했다.

그분들의 이야기도 일리가 있어 보였다. 이렇게 외지고 꼬질꼬질한(?) 곳에서도 잘되는데 목 좋은 상가, 깨끗한 새 건물에서 오픈하면 얼마나 잘되겠느냐고 나를 설득했다. 일견 맞는 말 같았다. 그래서 나는 그분들을 믿고 체인점을 내게 되었다. 점주들께 인테리어는 알아서 하시라고 했고, 나는 체인점 가맹비로 2,000만 원을 받았다. 단, 기계는 수입을 대행해서 내가 제공했고, 기계를 사용할 때 쓰는 슬리밍젤도 우리 것을 쓰는 조건이었다. 그 외에 다른 수익 셰어는 전혀 없었다. 체인점 점주들에게도 괜찮은 조건이라고 생각했다.

"한 달에 얼마를 벌면 만족하시겠어요?"

그렇게 해서 6곳의 체인점을 계약했다. 체인점들도 처음에는 잘됐다. 그런데 어느 순간 체인점과의 관계가 삐걱거리기 시작했다. 체인점들은 한 달만 매출이 떨어져도 전화를 하며 항의했다. 직영점이 체인점 고객들을 빼앗아간다는 것이었다. 또 체인점이 광고비를 부담하지 않는 문제도 있었다. 직영점은 매출 대비 정해진 퍼센티지만큼의 광고를 했는데 체인점은 돈은 벌면서 광고는 안 했다. 그러면 처음에는 매출이 발생해도 시간이 지나면 지속되지 않는다. 각 지역, 지점 특성에 맞게 광고를 해야 효과가 있는데, 직영점 광고에만 의존해서는 한계가 있을 수밖에 없다. 이런저런 잡음이 계속되던 어느 날 체인점 점주들끼리 모여서 "더 이상 슬리밍젤을 납품받지 말자.", "다른 공급처에서 직접 구입하자." 하는 담합까지 했다.

결정적인 계기는 홈페이지를 만들 때 불거졌다. 그때가 2005~2006년이었다. 온라인이 엄청나게 활성화되던 시절이었고, 웬만한 서비스 업체들은 다 홈페이지를 운영하면서 온라인으로 상담도 하고 예약도 받았다. 고객들은 온라인에 점점 더 익숙해지고 있었고, 우리도 온라인 상담과 예약을 해야만 했다. 그래야 젊은 고객을 더 많이 끌어모을 수 있으니 말이다. 그래서 홈페이지를 만들기로 했다. 그런데 홈페이지 제작비를 1/n로 부담하자고 했더니 체인점주들은 일제히 '우리는 동네 장사라 홈페이지 보고 오는 사람이 없다'며 거절했다.

어쨌거나 홈페이지를 포기할 수는 없는 상황이었다. 회사가 이렇게 성장하고 있는데 고객서비스를 하면서 홈페이지 하나 없다는 것은 말이 안 된다. 그래서 결국 체인점을 제외하고 직영점끼리만 돈을 모아서 홈페이지를 만들었다. 그리고 홈페이지에는 직영점만 매장 리스트에 넣었다. 그랬더니 체인점주들이 '그렇다고 직영점만 매장 리스트에 올리는 게 어디 있냐'며 반발하기 시작했다.

나는 체인점주들에게 체인점을 하기로 했으면 체인점으로서의 도리를 다하라고 했다. 슬리밍젤을 다른 데서 공급받는 것은 명백한 계약 위반사항이 아닌가? 나는 이미 알고 있었지만 달리 대응하지 않았다. 그 후로도 불만은 계속되었다. 특히 체인점과 직영점의 매출 차이가 어마어마하다 보니 체인점주들은 별별 트집을 다 잡기 시작했다. 왜 안 되는 자리를 줬냐, 왜 체인점을 케어해주지 않느냐는 등 내 입장에서는 이해가 안 되는 이야기를 계속했다. 이미 나는 슬리밍젤 때문에 더 이상 참지 않겠다고 생각하던 차였고 갈등은 점점 악화되었다.

요즘도 강의할 때마다 꼭 하는 말이 있다. "사업하면서 가장 잘한 것이 체인점을 내본 것이고 가장 잘못한 것도 체인점을 낸 것이다. 앞으로 다른 어떤 사업을 시작한다 해도 절대 체인점은 내지 않겠다." 하는 말이다. 물론 체인사업 자체가 잘못됐다는 말은 아니다. 체인사업은 가장 빠르게 사업을 확장시킬 수 있는 방법이다.

하지만 내 스타일과는 맞지 않았다. 처음 체인점을 내줄 때 점주들에게 꼭 묻는 것이 있었다. "한 달에 얼마를 벌면 만족하시겠어요?"라는 질문이다. 그러면 그분들은 '한 달에 500만 원 정도만', '애들 학원비 정도만', '내 생활비 정도만' 하고 대답했다. 그런데 막상 돈을 버니까 마음이 달라지는 듯했다.

어쩌면 당시 나의 독선적인 성격도 갈등을 악화시키는 데 한몫했을 것이다. 30대 중반이었던 나는 내 방법이 무조건 맞다는 확신에 빠져 있었고, 뭔가 하기로 한 것은 묻지도 따지지도 않고 밀어붙이는 스타일이었다. 목동점, 분당점, 송파점이 잘되고 있었기 때문에 어디든지 쥬비스 지점을 오픈하면 잘될 거라는 무모한 자신감도 넘쳤다. 또 내가 돈 벌게 해준다는 자만심에 무조건 나를 따르라고 했다. 지점의 상황이나 고객에 맞는 다양한 의견을 수용하지 못했다. 점주들의 의견을 수용하거나, 대립을 중재하거나, 그들의 남모를 고충을 들어줄 유연함이 당시의 나에게는 없었다.

'내 말이 옳아', '내 방법이 맞아', '나만 따라 하면 성공이야'

하는 오만에 빠져 있었으니 점주들과의 사이가 점점 더 틀어졌고, 그들은 그들대로 내가 뭔가를 하자고 하면 '우리 지점 고객은 그렇지 않다'며 따르지 않았다. 홈페이지 작업이 그 시작이었고, 결국 체인점은 체인점끼리, 직영점은 직영점끼리 뭉쳐 극단적으로 갈라지는 상황까지 벌어졌다.

'어떻게 하면 너도 살고

나도 사는 방법으로 브랜드를 지킬까?'

✧　　직원교육에 관해서도 직영점과 체인점은 의견이 맞지 않
았다. 예를 들어 우리는 매달 한 번씩 전체교육을 했다. 1박 2일
동안 전 직원이 참여하는 교육이다. 나는 컨설팅을 통해 고객한테
계속 정보를 주어야 한다는 생각이 확고했고, 우리 회사가 다이어
트 회사가 아니라 고객에게 건강한 습관을 교육시키는 회사가 되
길 바랐기 때문에 무엇보다 직원교육을 중시했다. 또 컨설팅 회차
별로 안내해주어야 할 내용이 달랐기 때문에 직원교육은 필수였
다. 나 자신이 강사 출신이다 보니 '교육 없이 발전도 없다'는 남다
른 확신과 고집도 있었다.

그런데 체인점 점주들은 직원들을 교육에 참석시키지 않았다. 심지어 점주 본인도 참석하지 않았다. 이유를 물으니 자신이 자리를 비우면 상담을 못 하니 그날 매출이 떨어지기 때문이란다. 기가 막혔다. 직원들을 보내지 않는 이유는 더 놀라웠다. 직원들을 전체교육에 보내면 다들 직영점에서 근무하고 싶어 하기 때문이란다. 또 직원이 이틀 동안 일을 못 하게 되는 것도 부담이라고 했다.

나는 정말 순수한 마음으로 체인점을 내주었기 때문에 교육비도 따로 받지 않았다. 공짜로 교육을 시켜준다고 해도 오질 않으니 정말 답답했다. 하지만 어쨌든 우리는 교육을 잘 받은 컨설턴트들이 컨설팅을 해야 하기 때문에 나는 체인점 점주들을 계속 설득했다. 교육에 불참할 경우 페널티를 주겠다는 협박(?)도 해보았고, 교육을 왜 해야 하는지도 수없이 설명했지만 변하는 것은 없었다. 직영점과 다르게 체인점은 교육보다 매출을 선택했다.

모든 것을 집어삼킬 뻔한 잘못된 경쟁과 갈등

그런데 더 근원적인 문제도 하나 있었다. 바로 체인점 직원들이 교육을 원하지 않는다는 것이었다. 원하지 않는다기보다 불편해했다. 아무래도 전체교육을 하다 보면 각자 어느 지점에서 일하는지 알게 된다. 그러지 않으려고 해도 서로를 비교하게 마련이다. 그런데 당시 직영점 직원과 체인점 직원은 느낌이 조금 달랐다.

앞에서도 잠깐 이야기했듯이, 직영점은 직원 채용에 분명한 기준이 있었다. 창업 초기부터 외모가 어느 정도 준수한지, 아이컨택트를 잘하는지, 다이어트와 관련된 전공자인지를 기준으로 채용했다. 그리고 우리는 유니폼이 따로 없었기 때문에 업무 중에는 고객에게 좋은 인상을 주도록 가능한 단정하게(그리고 가급적이면 예쁘게) 옷을 입도록 했다.

직영점 직원 중에는 정말 예쁘고 날씬한 친구들이 많아서 종종 고객들이 "와, 나도 저런 허리 갖고 싶다.", "나도 살 빼서 저렇게 입어야지." 하시는 분들이 실제로 많았다. 다이어트의 롤모델이랄까, 직원들을 보면서 목표의식이 생기고 동기부여가 되는 것이다. 실제로 나는 목동점에서 일할 때 내 몸무게도 고객들에게 다 공개했다. 주부 고객들이 "저거 봐. 47kg래. 와, 애 낳고 어떻게 계속 47kg를 유지하는 거야?" 하면서 수근거렸다.

반면 체인점은 지점에서 알아서 채용하는 방식이라서 그런 기준이 적용되지는 않았다. 그러다 보니 (아무리 그러지 않으려고 해도) 체인점 직원들은 전체교육에 오면 스스로 위축이 됐다. 그리고 직영점 직원들은 매주, 매달 모여서 교육을 받으니까 서로 잘 알고 반갑게 인사하며 친하게 지냈다. 반면 체인점 직원은 너무 띄엄띄엄 오니까 아는 사람도 없고 약간 겉도는 느낌이 들 수

1 아침 청소의 기적

밖에 없었던 것 같다. 비슷한 또래인데 예쁘고 날씬한 데다 말주변도 너무 좋으니 아마도 더 작아지는 느낌을 받았을 것이다. 어쨌거나 이런저런 이유로 체인점 직원들은 점점 전체교육에 오길 싫어했고, 마침 점주들도 보내기 싫어했으니 교육 공백이 점점 커졌다. 그리고 교육받지 못한 직원은 서비스에 구멍을 낼 수밖에 없다.

지점 간의 경쟁도 문제였다. 예를 들어 A직영점과 B체인점이 있다고 치자. 그 중간쯤에 사는 고객이 먼저 B에 전화를 걸어 몇 날 몇 시에 가겠다고 상담예약을 했다. 그런데 고객은 심심해서 A에도 전화를 해보았다. 그런데 A 직원이 훨씬 더 친절하게 얘기를 잘해주었다. 결국 고객은 '이왕이면 더 자세히 알려주는 곳으로 가야지' 하며 A로 간다. 그러면 B는 상담예약을 한 고객이 안 오니 고객에게 다시 전화를 걸고, 고객은 "아, 저 A에 가서 등록했는데요?" 한다. 그러면 B는 A가 고객을 빼앗아갔다고 생각하고, A는 고객이 B에 먼저 상담예약을 한 것을 몰랐으니 억울하다. 게다가 전화를 해보고 A를 선택한 고객은 그제야 비로소 체인점과 직영점의 차이를 알게 된다. 그러면 사람 마음이 다 비슷해서 '그럼 직영점으로 가야겠네' 한다. 그런 일이 반복되면 체인점은 직영점 때문에 매출이 떨어진다는 피해의식을 갖게 된다.

실제로 이런 일이 빈번하게 벌어지면서 직영점과 체인점

사이의 갈등이 더 깊어졌다. 게다가 당시에도 사람들은 일단 네이버에서 검색해보고 홈페이지부터 살펴보던 시절이다. 특히 젊은 층은 무조건 온라인으로 들어왔다. 그러니 온라인 상담은 점점 더 늘어났고, 고객들 사이에서도 소문이 나기 시작했다. '쥬비스가 체인점이랑 직영점이 있는데, ○○점은 체인점이고 ○○점은 직영점이래.' 그 말을 들은 사람들이 이왕이면 직영점으로 가게 됐다.

"제가 3개월 동안 매출 올려드릴게요."

그런 갈등이 지속되는 상태로 시간이 흘렀고, 2007년쯤 되니 체인점 월매출이 1,000만 원 이하로 떨어졌다. 반면 직영점들은 모든 지점이 기본적으로 매달 8,000~9,000만 원씩 매출이 나왔다. 잘되는 지점은 월 1억 원도 넘었다. 당시 전체 매출은 연매출 기준으로 90억 정도였다. 매출 1, 2, 3등은 항상 직영점이었다. 1등은 언제나 내가 있는 목동점이었다. 나는 "이 위치에서도 이만큼 하는데 거기에서 그만큼 못 하면 안 되죠." 하고 이야기하기 위해서 어떻게든 항상 1등을 지켰다. 2등은 넷째 동생이 하는 송파점이었고, 3등은 막냇동생이 하는 부천점이었다.

매달 말일만 되면 지점들끼리 전쟁 아닌 전쟁이 벌어졌다. "이번 달에 매출 얼마 하셨어요?", "노원점 8,000만 원 넘었어요?" 하면서 서로 친하게 지내면서도 매출을 두고 선의의 경쟁을 했다. 나는 그런 전화가 올 것을 알았기 때문에 무조건 목동점을 1등으로 만들었다.

당시 체인점이 6개였는데 이처럼 매출이 곤두박질치자(그리고 직영점과의 차이가 점점 더 심해지자) 점주들이 나에게 찾아와서 "이거 다시 사가세요." 하면서 백기를 들기 시작했다. 그런데 앞에서도 말했듯이, 나는 평소에 '운발'(?)을 중요하게 생각하기 때문에 그렇게 망쳐놓은 곳을 다시 인수하기가 께름칙했다. 뭔가 안 되는 기운이 가득한 어두컴컴한 곳에 가기가 싫었기 때문이다.

체인점 점주들은 자기가 원하는 만큼 권리금을 받고 싶겠지만 나는 권리금까지 주면서 인수할 수는 없다고 선을 그었다. 그리고 고민했다. '내가 이 브랜드를 지켜야 하는데, 그럼 저들도 좋고 나도 좋은 방법이 뭘까?' 나는 우선 매출을 올릴 자신이 있었고, 이렇게 체인점과 직영점이 양분돼 대립하면 직영점도 같이 망할 수 있다는 생각을 했다. 그래서 이렇게 제안을 했다.

"그럼 제가 3개월 동안 저희 직원들을 보내서 매출을 올려드릴게요. 직영점에서 파견하는 직원 월급과 광고비는 전부 다 제가 댈게요. 그 3개월 동안 나온 매출은 권리금이라고 생각하시고 점주님이 다 가져가세요. 대신 점주님도 고객 상담을 같이 해주셔야 해요."

그리고 본점에서 데리고 있던 직원을 1명 보냈다. 직영점 직원이 가서 상담하고, 기존 고객들에게도 전화하고, 전단지 광고도 집행한다. 그러면 고객은 늘게 되어 있다. 신규고객이 10명 이상 늘면 직원 1명을 추가로 투입한다. 먼저 가 있던 직원이 기존 회원의 재등록을 유도하고, 새로 투입된 직원이 신규상담을 더 많이 하면서 다녀갔던 고객들에게 다시 한번 전화를 드려 "여기 직영점이 다시 인수할 예정이니까 얼른 오세요." 하고 홍보한다. 영업을 정말 뛰어나게 잘하는 핵심인재들이라 실패가 없었다. 그러면 곧바로 매출이 올라가고, 또 고객이 40명까지 늘어나면 직원을 1명 더 보낸다. 이렇게 고객 인원수에 따라서 직원을 보내면 기울어져 가던 지점도 100% 살아난다.

그렇게 3개월 동안 집중적으로 영업을 하고, 잘하는 직원을 투입해서 매출을 확 올려주었다. 우리 일은 사람 1명이 그런 힘을 가지고 있다. 3개월간 올린 매출은 그대로 체인점 점주님 통장에 넣어드렸다. 월매출이 1,000만 원도 안 나오던 지점이 4,000~5,000만 원씩 매출이 나왔고, 그분들은 거의 1억~1억 5,000만 원의 권리금을 가져간 셈이다.

10억 들여 배운 귀중한 사람 공부

하지만 우리에게는 고객이 남았으니까 그 고객을 잘 관리하고 재등록시켜서 매출을 만들면 되는 일이었다. 그러면 3개월

후 지점에서 점주는 나가고, 거기가 직영점이 되는 구조로 다시 인수했다. 다만 앞에서도 말했듯이, 그 자리에서 그대로 직영점을 운영하기는 왠지 싫어서 임대 기간이 끝나면 무조건 이사를 했다. 단, 고객 이탈이 없도록 가까운 곳으로만 이전했다.

인건비도 내가 다 내고 매출까지 올려준다니까 체인점 점주들이 그런 조건을 마다할 리가 없었다. 그런데 혹시 직영점에서 온 직원들이 일을 너무 잘하는 것을 보면 그냥 계속 이어서 하겠다고 할까 봐 미리 안전장치는 해두었다. 약속된 3개월이 끝나기 2주 전에 내 이름으로 사업자등록을 내고, 건물주에게도 사업자가 바뀐다는 점을 확인시켰다. '3개월 뒤 여기 사업자가 바뀐다. 그러니까 3개월 후부터는 내가 월세를 낸다.' 하는 내용으로 임대차 계약서를 다시 썼다. 아무래도 건물주는 본사 직영점이 들어온다니까 당연히 좋아했다.

그런데도 3개월 동안 매출이 너무 잘 나오니까 체인점주들은 마음이 계속 바뀌었다. 그럴 때 나는 "저는 제가 베풀었다고 생각하는데요." 하고 한마디 했다. 내가 인건비도 베풀었고, 마케팅비도 베풀었다고 생각하는데, 거기서 더 욕심을 내면 어떻게 하자는 거냐고 했다. 그러면 그냥 물러나는 점주도 있었고, 한 달만 더 해달라고 매달리는 점주도 있었다. 다른 체인점도 차례로 인수를 해야 했기 때문에 더 이상의 협상은 하지 않았다.

그 과정에서 내가 먼저 인수하겠다고 한 체인점은 한 곳도 없었다. 모두 나에게 와서 인수해달라고 사정했다. 앞에서 말한 방식으로 처음 한 곳을 인수하자 금세 소문이 났고 다른 지점들도 같은 방식으로 정리를 했다. 우여곡절 끝에 5곳의 체인점을 직영점으로 바꾸는 작업을 완료했다.

그런데 마지막 한 지점은 끝까지 내가 인수하지 않았다. 슬리밍젤 사태를 주도한 점주였기 때문이었다. 그 지점은 끝까지 봐주지 않고 대신 해지 계약서를 보냈다. 이미 해지 사유는 충분했다. '다른 제품 쓰고, 다른 가격으로 영업을 했기 때문에 체인점 계약을 해지하니 간판을 내리시라'고 통보했고, 결국 간판을 내렸다. 마지막 체인점은 그렇게 정리되었다.

생각해보면 2,000만 원씩 받고 내주었던 체인점을 그 10배인 2억 원씩 들여 도로 사들인 셈이다. 당시의 나에게 무엇이 부족했을까를 가끔 생각해본다. 후회는 없지만, 내가 너무 독선적이었나 하는 반성도 해보았고, 사람을 너무 믿었나 하는 자책도 해보았다. 비싼 수업료를 치렀지만 배운 것이 더 많았다고 생각한다.

2

이제 장사 말고 사업을 합니다

"잘못했으면 세금 내면 되죠."

◆　인간은 인센티브에 반응하는 동물이다. 보상이 있어야 더 열심히 일하고 싶은 것이 인지상정이다. 나 역시 일할 때 보상을 굉장히 중요하게 생각한다. 기왕이면 눈에 보이는 결과물이면 더 좋을 것 같다. 매출은 성장가도를 달리고 있었고 고객도 계속 많아졌다. 좀 더 밝고 깨끗한 곳으로 옮기고 싶다는 생각은 늘 하고 있었는데, 2007년쯤 새로 지은 상가건물로 목동점 본점을 이전하게 되었다.

눈에 딱 들어오는 새 건물이었다. 환하고 깨끗해서 마음에 쏙 들었다. 쥬비스 고객들은 대부분 자가용을 이용하기 때문에 입지 조건 중 '편리한 주차'가 무척 중요했다. 그 상가건물에는 널찍한 지하 주차장이 있었고, 전면에 간판도 걸 수 있어서 내가 원하는 조건들을 모두 충족시켰다. 그곳으로 이전해 1/3은 본사 사무 공간으로, 2/3는 목동점으로 사용했다. 시장 골목에 다 쓰러져가는 컴컴한 건물이 내 최대 콤플렉스였는데, 이렇게 밝고 환한 곳으로 옮기니 너무 뿌듯했다. 고객들도 좋아했고 축하도 많이 받았다.

거기에서 2년 정도 지난 후, 2009년에 나는 5층짜리 꼬마 빌딩을 알아보러 다녔다. 깨끗한 새 건물에서 영업을 하다 보니, 우리 건물이 있으면 너무 좋겠다는 생각이 간절해졌다. 1층에는 안내데스크와 상담 공간, 5층에는 내 집무실, 2~4층에는 여자 관리실과 남자 관리실을 만들면 괜찮겠다 싶었다. 그래서 자금도 미리 마련해놓고 건물을 알아보게 되었다. 그런데 그해 5월에 갑자기 국세청에서 세무조사가 나왔다.

'내가 왜 세무조사를 받는 거지? 빌딩을 알아보고 다닌 게 문제였나? 통장에 큰돈을 넣어두어서? 외제차 리스가 문제였나? 내가 대체 뭘 잘못한 거야?'

나는 내가 뭘 잘못했는지 곱씹었다. 보통 사람들이 무슨 일이 생기면 자기 자신에게서 원인을 찾듯이 나 역시 혼자서 이 런저런 셀프 반성문을 쓰고 있었다. 마침 타이밍도 절묘하게 외제차를 리스하고 곧바로 세무조사를 받았기 때문에 달리 생각할 것이 없었다.

2 이제 장사 말고 사업을 합니다

'어디서 이런 또라이가…'

그런데 알고 보니 원인은 내가 아니라 매출이었다. 개인이나 기업을 조사하는 곳은 '조사 2국'이라는 부서인데, 카드깡, 불법도박, 사채 등을 조사하는 곳은 '조사 4국'이라고 한다. 그런데 '조사 4국'에서 세무조사를 나왔다. 왜 오셨느냐고 물으니 카드깡인 줄 알았다는 것이다(참고로 카드깡이란 신용카드로 결제한 후 일정 수수료를 떼고 현금을 주는 횡령 사기다). 실제로 개인이 영업하고 있을 줄은 몰랐단다. 개인사업자의 매출이 너무 크니까 당연히 불법 영업으로 보였다는 것이다.

2009년 5월 6일, 10개 지점에 일제히 압수수색이 진행되었다. 국세청이 보기에 여자 1명이 개인사업자로 연매출 100억 원을 올린다는 게 상식적으로 이해가 안 되는 일이었다고 한다. 게다가 카드결제 금액도 90만 원, 180만 원, 250만 원 등이니까, '이건 100% 카드깡이네' 했단다. 그래서 조사원들도 실제로 영업하는 모습을 보고 깜짝 놀랐다. 하지만 상황이 어찌 되었든 그들은 지점 10곳에 진열해놓았던 고객 차트를 모두 압수해갔다.

당시 나는 세금에 대해서 정말 아무 개념이 없었다. 그저 세무사가 알아서 해주는 것이라고만 생각했다. 그런데 세무조사가 나오자 내 일을 맡았던 세무사무실 직원이 잠적해버렸다. 그를 찾는 것은 포기하고 세무사협회 회장을 역임했던 노련한 세무사 한 분을 선임해 국세청 대응을 맡겼다.

내가 직접 국세청에 조사받으러 가는 날, 그분은 나에게 무조건 택시를 타고 가라고, 그리고 립스틱은 절대 바르지 말고 화장기 없는 얼굴에 죽을상을 하고 가라고 했다. 온몸으로 최대한 불쌍하게 '나 지금 세무조사 때문에 당장 사업 망하게 생겼다'는 것을 어필하라는 뜻이었다.

하지만 그때까지도 여전히 오만한 또라이(?)였던 나는 풀 메이크업에 핑크색 블라우스와 화려한 코트를 떨쳐입고, 국세청 앞마당에 보란 듯이 외제차를 세워놓았다. 그 모습을 보고 너무 놀라서 입을 못 다무는 세무사에게 "잘못했으면 세금 내면 되죠." 하면서 당당하게 들어갔다.

조사받을 때도 남들은 다 울며불며 살려달라고 매달린다는데, 나는 "내가 잘못한 건 책임지겠습니다. 안 낸 세금이 있으면 당연히 내고요. 그러니 범죄자 취급은 하지 말아주십시오."라고 씩씩하게 얘기했다. 국세청 조사관들은 어이가 없었는지 '어디서 이런 또라이가…' 하는 표정이 역력했고, 담당 팀장은 나에게 대 놓고 "이거, 미친ㅇ 아니야?"라고 욕을 했다. 속으로 좀 놀랐지만 나도 지지 않고 즉각 받아쳤다.

"세금 내면 되지, 그렇게까지 얘기할 건 뭡니까?"

2 이제 장사 말고 사업을 합니다

잠적한 그 직원은 세금신고를 할 때 현금매출은 누락하고 카드매출만 해놓았다. 물론 근본적으로는 세무사무소에서 다 알아서 해줄 거라 믿고 내가 체크하지 않은 게 원인이었다. 어쨌거나 세무조사를 받는 동안 약간의 오해는 풀었다. 내가 일부러 세금을 안 낸 게 아니라는 것, 너무 개념 없이 사업을 한 것이 문제였지 진짜 몰라서 못 냈다는 점도 알아주었다.

그때가 딱 마흔 살 되던 해였다. 조그마한 여자가 눈을 동그랗게 뜨고 대드는데, 누락된 매출을 보니까 금액이 너무 컸다. 그러니 국세청 직원들도 이 매출이 사실이냐, 어떻게 이런 매출이 나오냐, 이 직영점 10곳이 다 당신 거냐, 어떻게 직영점을 낼 생각을 했냐, 이 사업을 어쩌다가 시작하게 됐냐 등등 끝도 없이 질문했다.

내가 창업해서 여기까지 온 스토리(이 책의 1부 내용)를 구구절절 이야기했더니, 어느 순간 거기 있던 직원 5명이 모두 내 이야기에 빨려들었다. 처음에는 '또라이' 보듯 했던 사람들이 "그래서 지점이 어디 어디 있다고요? 우리 집 노원인데 거기 가봐야겠네." 하면서 오히려 우호적으로 바뀌었다.

물론 그렇다고는 해도 내야 할 세금이 달라지는 것은 아니었다. 실로 어마어마한 액수였다. 담당 팀장은 '세금이 이 정도 나왔다, 어떻게 할 거냐, 한 번에 낼 거냐, 분납할 거냐'를 물었다. 도저히 내가 감당할 수 없는 금액이었다. 그래서 나는 내가 재산이라고는 목동 아파트 딱 1채 있는데 그걸 처분해도 이 세금은 다 못 낸다고 읍소했다.

결국 약간의 조정을 거쳐 과태료가 조금 줄었지만, 그래도 내가 내야 할 세금이 십수 억이었다. 담당 팀장은 '이만큼은 내야 한다'고 했고, 나는 알겠다고, 내가 잘못했으니까 내겠다고 했다 (나중에 알고 보니 다른 사람들은 못 낸다고, 봐달라고 사정하지 이렇게 순순히 내겠다고 하는 경우는 처음이라고 했다).

담당 팀장은 분납해도 된다고 했지만 나는 일시불로 내겠다고 했다. 국가가 분할로 받겠다는데 왜 또 굳이 일시불로 내느냐고 답답해하길래 이렇게 대답했다.

"제가 너무 개념 없이 사업을 했습니다. 세금도 너무 몰랐고요. 그래서 이번에 수업료 크게 내고 배우는 것입니다. 제가 과거에 잘못한 것이 있어서 과태료를 내는 건데, 지금은 반성하는 마음으로 낼 수 있지만, 분납을 하면 나중에는 낼 때마다 억울할 것 같습니다. 그래서 대출을 받아서라도 일시불로 내고, 앞으로는 사업에만 집중하고 싶어서 그렇게 하겠다는 겁니다."

그 말을 듣던 그 팀장은 '하여튼 못 말린다' 하는 표정을 지어 보였다. 결국 나는 세무조사 종결 자료에 사인을 했고, 8월 말일까지 납부하겠다는 계획서를 제출했다. 그렇게 세무조사가 마무리되었다.

비밀번호 0506

✧　　세무조사를 그렇게 끝내고 나와서 올림픽대로를 타고 회
사로 돌아오는데, 차 안에서 주체할 수 없이 눈물이 펑펑 났다. '핸
들만 확 꺾으면 한강인데…' 하는 나쁜 생각도 들었다. 물론 내야
할 세금이 엄청나게 큰 금액이었지만 매출이 계속 나왔기 때문에
당장 망할 정도는 아니었다. 다만 허탈했다. 신나게 일했고 나름
재미있게 30대를 살았다고 생각했는데 결국 이렇게 바보 멍청이
짓을 한 것밖에 안 됐다. 나 자신에 대한 실망과 자책, 분노가 뒤
엉켜 미칠 것 같았다. 그냥 다 내 잘못이었다.

　　'내가 대체 무슨 짓을 했지. 나 진짜 너무 멍청했네. 그동안

벌어놓은 것을 세금으로 다 냈잖아. 제대로 제때 세금을 냈으면 금액이 훨씬 적었을 텐데…. 가산세, 누진세까지 다 내다니, 어떻게 이렇게 멍청할 수가 있어. 내 아들 남의 손에 맡겨놓고 10년 내내 미친 듯이 일만 했는데, 나 진짜 헛살았구나.'

눈이 퉁퉁 부은 채로 회사에 들어갔더니 각 지점 책임자들이 모여 회의를 하고 있었다. 사실 책임자들, 직원들에게도 면목이 없었다. 다 내가 잘못해서 이렇게 되었으니 말이다. 하지만 책임자들은 '우리 세금 내야 하니까 매출 올려야 한다', '우리가 현금영수증을 제대로 발행하지 않아서 이런 일이 생긴 것 아니냐', '영수증 제대로 모았으면 세금 덜 냈을 거다' 하면서 원인을 분석하고 이후 대책을 논의하고 있었다.

그걸 보고 다시 한번 눈물이 핑 돌았다. 나는 혼자 자책하며 헤매고 있었는데, 지점 책임자들은 세금 내야 하니까 어떻게든 매출을 올리자고 머리를 맞대고 있었다. 다들 어디 도망갈 생각을 하는 게 아니라, 어떻게 해서든 회사를 다시 살리자고 마음을 모으고 있었다. 다 놓아버리고 싶었던 마음이 쏙 들어갔다.

그때 회의를 했던 사람들이 지금은 분야별 대표가 되었다. 세무조사로 한 번에 거액이 빠져나갔지만 그 책임자들 덕분에 매출이 더 올랐고, 회사는 큰 액땜이라도 한 것처럼 탄탄대로를 걷게 되었다. 마음가짐도 새롭게 다잡았다. 우리가 살아남았음을 보여주리라고 다짐하고, 개인 재산까지 담보로 잡히고 지점을 2배로 늘렸다. 광고도 더욱 대대적으로 하면서 더욱 눈에 띄는 기업으로 키워갔다.

그리고 당시 내 사무실 금고 비밀번호도 0506으로 바꾸었다. 세무조사가 나왔던 2009년 5월 6일을 잊지 않겠다는 의미였다. 회사를 살리겠다고 애쓰는 직원들이 있는데 내가 더욱 정신을 똑바로 차려야 한다는 의미도 있었다.

2년간 지점 10개, 몸집을 2배로 불리다

앞에서도 말했지만 나는 보상을 좋아하기 때문에 내가 세금 낸 것에 대해서도 보상을 얻고 싶었다. 그 보상은 바로 회사를 지키는 것이고, 지키는 것을 넘어 더 크게 키우는 것이었다. 그래서 지점을 2배로 늘려 체급을 키우는 데 집중했다(그런데 회사를 키우는 방식이 직영점을 내는 것이다 보니 막상 내가 너무 힘들었다. 돌아보니 그건 일을 늘린 것이지 보상이 아니었다).

2009년 8월에 세금을 다 내고, 그다음 해인 2010년 1월, 2월에 지점을 오픈할 계획이었는데, 사업자등록이 안 나왔다. 알고보니 국세청 내부 전산망에 '관리 대상 기업'으로(일종의 블랙리스트) 올랐기 때문이란다. 세무서에서 인테리어 공사가 한창인 매장 실사까지 나왔다. 문제는 신용카드 단말기를 2주 전에 신청해야 개업일에 나오는데, 인테리어가 다 끝난 다음에 사업자등록을 내주겠다고 하는 것이다. 그러면 단말기 신청도 늦어지고, 개업일부터 매출이 나올 수가 없다. 적어도 며칠은 아무것도 할 수 없는 상황이다.

그때 신규 지점 사업자등록 문제를 해결하러 어느 세무서에 갔는데, 어디서 많이 본 듯한 익숙한 이름이 있었다. 바로 세무조사 때 나한테 '미친ㅇ'이라고 했던 담당 팀장이 그 세무서 서장으로 영전해왔던 것이다. 얼마 후 핸드폰으로 전화가 왔다.

"조 대표, 지점 내?"

"네."

"못 말려, 못 말려."

"세무서에서 사업자등록을 안 내준대요."

"응, 그거 내가 발급해주라고 했어."

"정말요? 서장님, 그럼 저희 성북구에 있는 노원점도 좀 내주시면 안 돼요?"

2월에 3개 지점을 한꺼번에 오픈해야 하는데 사업자등록 문제는 서장님이 전화를 해줘서 계획대로 무사히 오픈할 수 있었다. 지방점을 오픈할 때도 쉽지 않았다. 부산점, 울산점도 사업자등록을 해야 하는데, 대부분 남자 공무원들이 일을 처리하다 보니 우리 회사가 어떤 회사인지 이해를 잘 못 했고, 쥬비스 다이어트라는 이름도 잘 몰랐다. 그래서 또다시 서장님께 부탁을 드렸다.

"서장님, 부산이랑 울산도 저희 사업자 안 내준대요."

"지방까지 진출하게?"

"네."

"아이고, 근데 돈이 있어?"

"대출받았어요. 그리고 돈 벌었어요."

"왜, 세금 낸 거 이제 벌어들이려고?"

"네, 벌어야죠. 그동안 번 거 다 세금 냈는데, 다시 벌어야죠. 대출도 갚고."

결국 부산점도 순조롭게 오픈할 수 있었다. 처음에는 '미친○'이라고 했던 담당 팀장은 사업자 등록증을 내는 데도 도와주고, 나중에는 세무서 직원 2명을 고객으로 보내주기까지 했다. '진짜 미친○'에서 '참 못 말리는 여자'로 갔다가 '뭐 하나 하겠다'까지 발전한 것이다.

어쩌면 그때가 2011년, 대중에게 본격적으로 그리고 전국적으로 쥬비스를 알리게 된 계기이기도 했다. 세무조사 후에 나는 우리 브랜드가 최대한 많은 사람 눈에 띄길 바랐다. 그래서 지점도 2배로 늘리고 홍보도 최대한으로 했다. 그전에는 1년에 1~2개 이상은 지점을 오픈하지 않았는데, 그때는 2년간 무려 10개나 오픈했으니, 얼마나 이를 악물고 했을지 상상이 될 것이다. 하지만 시련은 이제 시작일 뿐이었다. 더 크고 어마어마한 파도가 우리를 집어삼키려고 몰려오고 있었다.

'두 번은 당하지 말자'

✦   세무조사를 받고 나서 지점을 대폭 늘리고 본격적으로 사세 확장에 나섰다. 그 과정에서 우리를 불편한 시선으로 바라보는 집단이 있었다. 다이어트 사업과 관련 있는 어느 이익단체였다. 갑자기 지점이 늘어나고 여기저기에 광고 노출도 잦아지다 보니 쥬비스가 눈엣가시로 보였을 것이다.

그 단체는 광역수사대에 우리 회사를 고발했다. 2011년 9월 7일, 광역수사대가 20개 지점에 동시에 또다시(!) 압수수색을 했다. 2009년 세무조사를 끝내고 슬럼프에 빠져 있다가 정신 차리고 2010년, 2011년 2년 동안 지점 10개를 오픈해 지점이

20개가 되던 날이었다.

고발 사유는 우리가 사용하는 기계 때문이었다. 의사도 아닌데 의료기기를 사용했다는 것이었다. 광역수사대의 압수수색으로는 특별히 문제 될 것이 없었다. 2009년 세무조사 후에 단 1원도 매출에 대한 세금신고를 누락하지 않았기 때문에 다시 고강도의 세무조사를 한다 해도 거리낄 것이 없었다. 그로부터 두 달 뒤에 광역수사대는 2차 압수수색을 했다. 9월에 한 번, 11월에 한 번, 한 해에 2번 연속 압수수색을 당한 사건은 2013년까지 나를 고통스럽게 만들었다.

하지만 압수수색은 압수수색이고, 하기로 계획했던 사업 확장은 차질 없이 진행했다. 광역수사대 수사를 받는 동안 원래 계획되어 있었던 광주점을 오픈한 것이다. 솔직히 누구 심기를 거스르기 위해서 그랬던 것은 아닌데, 어쩌다 보니 모양새가 좀 안 좋았나 보다. 광역수사대 팀장이 방음장치로 둘러싸인 조사실로 나를 부르더니 '당신 지금 우리를 무시하냐, 지금 이 상황에서 새로 지점을 내는 게 말이 되냐, 광역수사대 자극하는 거냐, 누가 뭐래도 당신 할 일 하겠다는 거냐' 대충 이런 내용의 이야기를 하며 열변을 토했다.

물론 그렇다고 겁먹을 내가 아니었다. 나는 그 팀장에게 또박또박 대응했다.

"광주점은 수사를 시작하기 전부터 오픈하기로 예정되

어 있었던 곳입니다. 수사결과는 나와봐야 아는 것 아닌가요? 그리고 솔직히 광역수사대가 잘잘못을 판결하는 곳은 아니지 않나요? 저는 검찰에 가서 싸우겠습니다. 그리고 이거는 저희 먹고사는 일인데, 하기로 한 것은 해야죠. 왜 당신들 때문에 저희 회사가 계획한 일을 접어야 합니까? 팀장님께서 저희 광주점 오픈하는데 1원이라도 보태주셨습니까? 그것도 아니면서 저한테 그렇게까지 하시는 근거는 뭔가요?"

그냥 쪼그라져서 울고불고했으면 불쌍하다고 좀 봐줬을 텐데, 그러지 못한 나는 또 그분들의 심기를 거스르고 말았다.

"저 여기서 이렇게 망가질 순 없어요."

하지만 2번의 압수수색을 받고도 사건은 지지부진했다. 그러자 그 협회는 광역수사대를 압박하고, 광역수사대는 압박에 못 이겨 기소 의견으로 검찰로 송치했다. 검찰은 우리 쪽 로펌과 기계 원산지 데이터를 가지고 싸웠다. 그리하여 2011년부터 2013년까지 2년 동안 법정 싸움이 이어졌다. 2년 3개월 정도 걸렸다. 검찰에서는 우리의 주장과 이탈리아 제조사의 의견으로 볼 때 기소하기 애매하다는 의견이었다. 결론이 나지 않고 길어지자 우리 쪽 로펌은 중간에 포기하려고 했다. 하지만 내가 변호사에게 매달렸다. 국세청에서도, 광역수사대에서도 대차게 받아치던(?)

내가 변호사를 설득하기 위해 진심으로 매달렸다.

"변호사님, 저 10년째 쥬비스 다이어트 사업을 하고 있습니다. 사업 경력도 없고 경험도 없고 경영도 잘 못 하니까 처음부터 그냥 막 부딪히면서 해왔어요. 10년 지나니까 이제 겨우 경영이 뭔지, 사업이 뭔지 조금 알 것 같은데, 이제 좀 잘할 수 있을 것 같은데…. 저 여기서 이렇게 망가질 순 없어요."

소송은 2년 넘게 진행되었고, 수없이 검찰에 가서 조사를 받았다. 아무리 바빠도 검찰에서 부르면 가야 했다. 하지만 바쁜 일 제쳐두고 조사받으러 가는 것보다 더 고통스러웠던 것은 나를 벌레 같은 존재로 취급하는 그곳의 분위기였다.

결국 검찰이 구속영장을 청구했다. 협회가 영업을 계속하는 나를 막기 위해 검찰을 압박한 것이다. 구속영장 건으로 검사가 호출해서 들어갔는데 이번에는 진짜 무서웠다. 우리 아들은 누가 키우나 하는 생각이 들자 진짜 눈물이 났다. 처음 가게를 열고 직원을 뽑을 때 한 지원자가 자기는 전 직장 사장이 우는 모습을 보고 너무 싫어서 퇴사했다고 이야기했는데, 그 이야기를 듣고 누구 앞에서도 운 적이 없었다. 특히 직원들 앞에서는 더더욱 그랬다. 그런데 구속영장이 떨어질지도 모른다고 하니 그때는 정말 눈물이 났다. 변호사와 함께 갔는데 검사가 내 눈을 바라보면서 한 말을 지금도 생생히 기억한다.

"상황이 어떻게 되고 있는지는 알죠? 지금 이 자리가 어떤 자리인지도요? 여기서 구속영장 떨어지면 바로 구속되는 거예요, 알겠어요?"

들어갈 때까지는 덤덤했는데, 그 얘기를 들으니 진짜 무서웠다. 이 자리에서 바로 구속되는 건가 싶어 두려웠다. 문득 내가 처음 사업을 시작했던 시점부터 그때까지의 일들이 주마등처럼 스쳐갔다. 고객들이 입고 싶었던 청바지를 입었다고, 결혼 전에 산 코트를 다시 입었다고, 웨딩드레스 입게 됐다고, 아기가 생겼다고, 날씬해져서 성격까지 밝아졌다고 행복해하던 모습들이 떠올랐다. 그러면서 내가 누군가에게 뭘 그렇게 잘못하고 살았나, 내가 해온 일이 유치장에 갇혀야 할 만큼 잘못된 일이었나 하는 절망스러운 생각도 들었다. 처음으로 몹시 억울했다.

구속영장 앞에서 왜 닭집 사장님이 떠올랐을까?

그 순간 시장 골목에서 닭집을 하시던 사장님이 생각났다. 갑자기 왜 그분이 떠올랐는지는 잘 모르겠다. 어느 날 그 닭집 사장님이 기름때 잔뜩 묻은 1만 원짜리 지폐를 비닐봉지에 가득 담아 오셨다. 그러면서 "조 원장, 나 살 좀 빼줘. 지금 당장 시작하자." 하시는 게 아닌가?

사장님은 평생 전통시장에서 손수 닭을 잘라가며 장사를 해오신 분이다. 근처에만 가도 닭비린내에 땀냄새까지 합쳐져 냄

새가 고약했다. 그러니 직원들은 그분을 맡지 않으려고 했고, 할 수 없이 내가 직접 케어해드렸다.

그런데 무슨 일로 그렇게 급하게 살을 빼셔야 하냐고 물어보니 딸 결혼식 때문이라고 했다. 딸이 엄마가 너무 창피하다고 결혼식에 오지 말라고 했다는 것이다. 그 말에 큰 충격을 받은 사장님은 '내 인생은 뭐지?' 하는 후회가 들었다고 한다. 딸 하나 공부시키고 잘 키워보려고 아등바등했던 그 시간들은 다 무엇이었나 싶었단다. 그래서 그 즉시 전대에 있던 돈을 다 꺼내고, 금고의 돈까지 모두 털어 쥬비스로 달려오셨다고 했다.

그래서 어떻게 되었을까? 결국 닭집 사장님은 무려 20kg을 감량하는 데 성공했고, 딸 결혼식에 당당하게 참석하셨다. 그리고 결혼식이 끝나자마자 한복도 갈아입지 않은 채 우리 가게로 달려오셨다. 차분한 인디언핑크색 한복이었는데, 그분 표정이 그렇게 행복해 보일 수가 없었다. "오늘, 우리 딸 결혼했잖아." 하시며 떡이며 잡채며 바리바리 싸온 비닐봉지를 건네셨다.

검사 앞에서 나도 모르게 그분의 모습이 떠올라 왈칵 눈물이 났다. 나는 눈물을 훔치며 이렇게 말했다.

"검사님, 저 그렇게 잘못 살았다고 생각하지 않습니다. 30대를 온통 바쳐서 이 일을 했고, 그동안 단 한 명의 고객에게도 나쁜 짓 하지 않았습니다. 아들 키우는 엄마로서 내 아들한테 부끄러운 짓은 결코 하지 않았습니다."

이렇게 말하면서 엄청 울었다. 결국 구속은 면했지만, 살면서 가장 떨렸던 순간이었다.

우리 기계는 분명히 의료기기가 아니다. 처음 이탈리아에서 만들 때부터 미용 목적이었고, 안에는 미용 프로그램이 들어 있었다. 의료기기가 아니고 안전하다는 것을 어떻게 증명해야 할까? 내 지식만으로는 부족하니 대학교수들의 힘을 빌려야겠다고 생각했다.

그래서 우리는 공대 교수들과 협업해서 이 기계의 저주파가 인체에 무해한지 유해한지를 실험을 통해 밝히기로 했다. 연구의 객관성을 입증하기 위해 두 군데 대학에서 동시에 실험을 진행했다. 그리고 그 교수들이 '이 저주파가 인체에 유해해서 반드시 면허를 가진 사람만 다뤄야 하는가?'에 대해 연구한 결과를 바탕으로 의견을 제출했다.

다행히 우리가 실험을 의뢰한 대학 두 곳 모두 "이 기계는 개인용으로도 사용할 수 있을 만큼 안전하다. 눈에 닿을 경우는 위험하지만 이 회사는 살이 찐 부위에만 설치하니까 위험하다고 볼 수 없다. 이 기계는 면허를 가진 사람만 사용해야 한다고 볼 수 없다."는 의견을 주었다.

결국 "우리나라에서는 의료기기가 맞지만, 그것은 우리나라에 미용기기 카테고리가 없기 때문이다. 이 회사는 이 기계를

　　　　　　　　2 이제 장사 말고 사업을 합니다

의료목적으로 사용하지 않았고, 꼭 면허를 가진 사람이 다뤄야 할 필요는 없을 정도로 안전하다."며 무혐의 처분이 내려졌다. 결국 우리가 승소했다.

2013년 무혐의 판결이 나온 그 날이 아직도 생생하다. 우리는 회사를 지키기 위해 각 지점 책임자들과 전략회의를 하던 중이었다. 무엇이든 공격받을 빌미를 만들지 않겠다는 방어적인 마음으로 회의를 하던 중 화장실에서 무혐의 판결이 났다는 전화를 받고 지점 책임자들과 펑펑 울었다. 그리고 다짐했다.

'두 번은 당하지 말자. 더 이상 누구에게도 공격받지 말자.'

내가 아무리 잘해도 사고는 난다

✦ 그런데 이게 끝이 아니었다. 그로부터 1년 반 정도 지났을까? 이번에는 또 다른 어느 단체가 공격해왔다. 우리가 사용하는 '체질'이라는 말을 문제 삼았다. 국어사전에 '체질'을 찾아보면 '날 때부터 지니고 있는 몸의 생리적 성질이나 건강상의 특질'이라고 나온다. 일반적으로 체질은 체형을 보고 안다. 사람마다 체질이 다르니 똑같은 음식을 먹어도 어떤 사람은 살이 안 찌고, 어떤 사람은 상체만 찌고, 어떤 사람은 하체만 찌고, 어떤 사람은 전신이 다 찐다. 쥬비스를 창업해서 10년 넘도록 수많은 고객을 보면서 알게 된 것이다.

많이 먹고 살이 찌면 누구나 똑같이 배가 나올 것이라고 생각하지만 다 그렇지는 않다. 어떤 고객은 허리는 날씬한데 다리에 살이 찌고, 어떤 고객은 엉덩이에만 살이 찐다. 이렇게 사람은 똑같은 음식, 똑같은 열량, 똑같은 영양소를 섭취해도 체질에 따라서 흡수율이 다르고 살이 찌는 부위가 다르다.

그래서 우리는 5,000명의 고객을 대상으로 전 지점에서 데이터 분석을 했다. 우리는 고객 데이터가 많기 때문에 아주 다양한 분석을 해볼 수 있다. 먼저 고객을 상체비만, 하체비만, 전신비만 이렇게 세 부류로 나눴다. 그리고 이 고객들이 스스로 생각하기에 가장 살이 찌는 이유가 뭔지, 이 고객들이 가장 좋아하는 음식이 뭔지를 찾아냈다.

그것도 2가지로 나눴다. 리서치를 해보면 사람들이 질문에 항상 정확하게 답하는 것은 아니기 때문이다. 어쩌면 우리는 우리 자신을 가장 잘 모른다. 고객들도 마찬가지다. 내가 오늘 뭘 먹었는지도 자주 잊어버리고, 어제 몇 시에 잤는지도 기억이 잘 안 난다. 게다가 정말 잊어버려서 식단일기를 못 적는 사람도 있지만, (기억은 정확히 하고 있지만) 일부러 뭔가를 빼기도 한다. '생각해보니까 과자도 먹었고, 옥수수도 먹었네' 혹은 '많이는 안 먹었지만 아이스크림도 먹긴 먹었네' 한다. 이러면서 정말 까먹은 것을 빼고 다 적는 고객도 있지만, 자체 필터링을 해서(너무 많이 먹은 것 같네?) 식단일기를 적는 고객도 있다는 말이다.

그렇게 취합한 식습관 데이터들을 가지고 세 부류로 나눈 고객들의 공통점과 특징을 도출했다. 예를 들어 상체비만인 고객들은 공통적으로 스트레스를 받으면 폭식을 한다고 대답했다. 스트레스가 비만과 정말 깊은 연관성이 있구나 싶었다. 그리고 상체비만 고객들은 대체로 단 음식은 싫어했지만, 짜고 맵고 자극적인 음식을 좋아했다. 그리고 아침, 점심을 대충 먹고 저녁에 몰아서 먹는 경향이 있었다. 세 끼를 일정한 패턴으로 먹지 않고 저녁을 과하게 먹거나, 아침, 점심, 저녁은 잘 조절하다가 밤늦게 폭발해 야식을 과하게 먹는다는 분이 많았다.

그리고 하체비만인 고객들은 대부분 밀가루를 굉장히 좋아했다. 초콜릿 같은 단 음식은 살찔까 봐 안 먹는다고 하지만, 단당류든 다당류든 우리 몸에 들어가면 다 탄수화물이다. 그렇게 밀가루 음식, 인스턴트 음식, 외식을 좋아해서 살이 쪘다고 스스로 생각했다. 특히 이분들은 단 음식도 많이 섭취했다. 밀크커피나 주스를 즐겨 마시고, 과일도 굉장히 많이 섭취하는 편이었다. 그리고 이분들은 특히 잠을 늦게 잤다. 야행성 인간이 많았다. 밤에 늦게 자니까 아침에 피곤하고, 아침에 피곤하니까 단 음식이나 카페인으로 기운을 차린다. 낮에도 단 음식을 먹어가며 피로를 달래곤 한다. 잘 자야 피로가 풀리는데 이분들은 잠을 충분히 못 자고, 낮에 기운이 없으니 자기도 모르게 습관적으로 계속 단 음식을 먹는 것이다.

전신비만인 고객들의 문제는 진짜 안 움직인다는 것이다. 이분들은 너무 안 움직여서 먹는 양 대비 칼로리 소비량이 진짜 적다. 온종일 의자에 앉아서 일하는 직장인이나, 학원 선생님처럼 시간에 쫓겨 밥도 정신없이 먹고, 한곳에서(강의실에서 한 발짝도 안 나오고) 계속 일하는 분들이 대부분이다. 이분들도 피로가 쌓였는데 제대로 회복하지 못해서 계속 살찌는 패턴이 반복된다. 피곤하니까 먹고, 먹으니까 살찌고, 살찌니까 더 피곤하고, 또 피곤하니까 먹는 패턴 말이다.

나 혼자 운전을 잘한다고 사고가 안 나나?

우리는 이 분석 결과를 '체질'이라 부르고, 체질에 따라 살이 찌는 원인과 패턴에 공통점을 찾아내어 통계를 냈다. 이 통계를 가지고 상담을 해보니, 고객들이 자신의 식습관이나 생활패턴을 너무 잘 맞힌다며 깜짝 놀랐다. 컨설턴트들한테 체형만 보고 어떻게 이런 것까지 다 아느냐고, 점쟁이냐고 할 정도였다.

그런데 우리가 '이런 분들은 이런 습관이 있고, 저런 분들은 저런 패턴이 있고…' 이렇게 분석하면서 '체질'이라는 표현을 쓴 것이 문제였다. 그리고 우리는 의사도 아니고 한의사도 아니기 때문에 '진단'을 할 수 없다. 이것이 핵심이다. 그래서 어느 부위에 살이 쪘는지, 언제 어떻게 무엇을 먹는지, 수면 패턴은 어떤지, 어떤 음식을 좋아하고, 어떤 음식을 싫어하는지 등의 체크리스트를 만들어 고객이 스스로 답하게 하고, 그 대답에 따라 "고객님은 이런 체질입니다." 하고 결괏값이 나오는 시스템을 개발했다.

그 테스트 결과를 놓고 컨설턴트와 상담을 하면서 결과로 나온 그 체질이 맞는지 확인하고, 아니면 다시 테스트하는 과정들을 거쳤다. 그 체크리스트의 문항이 20개 정도인데, 그 질문에 대한 고객의 대답으로 체질을 도출했고, 이해를 돕기 위해 애니메이션 이미지도 만들고, 몸의 형태에 대한 이미지도 만들어서 상담을 시작하기 전에 보여주도록 했다.

그런데 이것을 문제 삼은 단체는 이 '체질'이라는 단어를 쓰면 안 된다고 우리를 공정거래위원회에 고발한 것이다. 그리하여 나는 또다시 경찰 조사를 받게 되었다. 하지만 이전에 광역수사대 조사 경험이 있다 보니 어느 정도 차분히 대응할 수 있었다.

우리는 고객이 작성한 체크리스트 결과를 가지고 분석한다. 그 결괏값에 따라 식습관, 생활습관의 방향을 잡아주고, 영양과 운동을 관리해준다. 당연히 어떤 경우에도 진단, 처방, 처치 등은 없다. 우리는 이런 논리를 들었고, 이 고발 건은 경찰 조사에서 종결됐다(별것 아닌 것 같아 보여도 시간이 6개월이나 걸렸다). 경찰은 '내사 종결'이라는 조사결과를 공정거래위원회에 보냈고 거기에서도 '내사 종결'로 고발 조사를 끝냈기 때문에 검찰로 송치되지 않아 그나마 금방 끝난 경우였다.

이런 일련의 사건들을 겪으면서 많은 것을 배웠다. 나는 이런 일들을 교통사고에 비유하곤 한다. 나 혼자 운전을 잘한다고 해서 사고가 안 나는 것이 아니다. 내가 운전을 잘해도 누군가 나를 (일부러든 실수로든) 공격하면 사고는 날 수밖에 없다.

사업도 그렇다. 내가 아무리 잘해도 문제는 늘 생긴다. 문제가 생길 때마다 얼른 잘 해결할 방법을 찾아야지, '왜 나에게 이런 문제가 발생했을까?'를 혼자 자책하고 고민해봐야 시간만 가고 문제는 더 심각해진다. 그래서 나는 이 문제가 왜 발생했는지도 깊이 고민하지만, 해결책을 찾는 쪽으로 빠르게 돌아서는 편이다. 세상에 묵혀둔다고 그냥 사라지거나 줄어드는 문제는 없다.

자, 그렇다면 이제 어떻게 해야 할까? 먼저 '리스크 관리'를 강화해야 했다. 치료, 진단 같은 단어들, 법에 저촉될 만한 단어들을 싹 다 모아서 '금지어 리스트'를 만들었다. 그리고 그 리스트를 자동으로 거르는 시스템을 만들었다. 이후에 식품사업, 유통사업을 할 때도 광고법이나 식품법을 위반하지 않도록 일일이 변호사의 확인을 받았다. 조금이라도 법에 부딪히는 건 절대 하지 않았고, 혹시라도 법적인 문제가 발생할 여지가 없는지 변호사를 통해서 항상 확인받는 시스템을 만들었다. 어떤 경우는 법률 검토를 로펌 한 곳에만 의뢰하는 게 아니라 복수로 의뢰해 체크하기도 했다.

리크스를 줄이는 첫 단계는 법을 잘 지키는 것이다. 너무 기본적이고 상식적인 일이지만, 법을 몰라서 혹은 안 지켜서 나도 모르게 리스크를 키우는 경우가 너무나 많다. 법률 전문가처럼 다 알 수는 없더라도, 법이 싫어하는 것은 하면 안 된다. 이것을 최대한 찾아내고 예방하는 것은 기본 중의 기본이다.

"근데 법이 싫어하잖아요."

이와 관련된 에피소드가 하나 있다. 2020년에 퇴임하고 나서 수많은 경영자를 만났다. 컨설팅해달라, 도와달라 이런 부탁을 많이 받았는데 번번이 거절하기도 곤란해서 종종 만나서 고민을 들어주었다. 그중 한 분이 직영점 베이스의 사업을 하고 있었다. 그분이 나에게 이런 질문을 했다.

"직원들을 정규직으로 쓰지 않고 개인사업자로 등록하면 어떨까요?"

그렇게 하면 '주 52시간 근로' 제한도 피하고, 퇴직금도 안 주어도 되지 않느냐는 것이다. 노무사도 계약서만 잘 쓰면 그래도 된다고 했다는 것이다. 그래서 나는 되물었다.

"그럼 그렇게 계약서 잘 쓰고 하시면 되지, 왜 저한테 물어보시는 거예요?"

"회장님은 다른 대답을 하실 것 같아서요."

그래서 나는 그분이 듣고 싶다는 '다른 대답'을 했다.

"저는 반대입니다. 개인사업자로 계약하면 직원이 고정된 공간에서, 고정된 시간에 근무를 하면 안 됩니다. 특히 업무보고를 하면 안 되죠. 그런데 대표님이 업무보고를 안 받으실 것은 아니잖아요? 또 그 직원이 그 직영점을 매일 같은 시간에 출근해서 같은 시간에 퇴근할 텐데, 나중에 고용노동부에 찾아가서 '나 개인사업자 아닌데 사장이 시켜서 계약서 썼으니 퇴직금 달라'고 하면 어떻게 하실 거예요?"

그러자 그분이 또 대답했다.

"그런데 4대 보험을 안 하면 직원도 좋고 저도 좋은 것 아닌가요?"

더 할 말이 없었다. 그래서 딱 한 마디만 했다.

"근데 법이 싫어하잖아요."

싸우지 않고 이기는 시스템

✧ "저 나무를 잘 보세요. 나무의 기둥은 흔들림이 없지만, 맨 꼭대기는 작은 바람에도 항상 흔들리죠? 맨 꼭대기에 있다는 것은 그런 거예요. 항상 바람이 불고, 항상 흔들릴 수밖에 없어요."

이런저런 사건들로 힘들어할 때 어떤 분이 나에게 이런 말씀을 해주셨다. 그 이야기를 듣고 '아, 우리가 업계 1위 자리에 있으면 우리 의지와 상관없이 항상 흔드는 사람들이 있겠구나! 흔들릴 수는 있으나 부러지지는 말자!' 하는 생각이 들었다.

매출이 늘자 세무조사가 나왔고, 지점을 2배로 늘리자 여러 이익단체의 고소·고발, 공격이 이어졌다. 누가 각본이라도 짠 것처럼 연매출 100억을 넘을 때, 300억을 넘을 때였다. 그즈음에 나는 '이제 장사가 아니라 사업을 해야겠구나'를 절실히 느꼈다. 이 정도 규모의 매출을 하는 다른 회사들은 대체 뭘 어떻게 준비하고, 경영하는지 궁금했다. 나는 그 부분을 집중적으로 공부하기 시작했다.

일단 책을 정말 많이 읽었다. 이런 말을 하면 수능 만점자가 '교과서 위주로 공부했다'고 하는 것 같다며 다들 좀 실망하는데, 정말 나에게는 다른 방법이 없었다. '똑같이 따라 한다고 성공한다는 보장은 없지만, 그래도 최소한 망하지는 않겠지' 하는 막연한 생각이 있었다. 그래서 세무, 회계 관련 전문서는 물론이고 조직관리, 리더십, 팀워크, 직원교육 등에 관한 책도 많이 읽었다. 그리고 당대 베스트셀러에 오른 경제경영서는 모조리 탐독했다. 내 집무실은 3면의 벽이 책장으로 둘러져 있었고, 거기 빼곡하게 책이 꽂혀 있었다. 뒤에 다시 나오겠지만, 직원교육 커리큘럼 중에도 독서교육이 핵심이었기 때문에 책의 저자를 회사로 모셔와 강의도 듣고, 개인적으로 멘토링을 청하기도 했다.

그러면서 결심한 것이 '싸우지 않고 이기는 시스템'을 만들어야겠다는 것이다. 장사와 사업의 가장 큰 차이는 시스템이다. 우리 회사가 동네 장사가 아닌 번듯한 기업이 되려면 스스로 잘 굴러갈 수 있는 시스템, 어떤 공격을 받아도 방어할 수 있는 시스템을 만들어야 했다.

예를 들면, 앞에서 언급했듯이 2009년 세무조사 때 국세청에서 전 지점의 고객 차트를 다 가져갔다. 차트에 고객들이 낸 금액이 기재되어 있기 때문이다. 그런데 그때까지만 해도 우리 회사는 고객 차트가 없으면 아무 일도 할 수가 없었다. 고객의 체중이 몇 kg인지, 이번이 몇 회차인지, 그동안 체중이 얼마나 빠졌는지를 모두 차트로 관리했기 때문이다. 그래서 세무조사가 나온 것도 당황스러웠지만 전 지점 차트를 압수해갔다는 사실이 너무 큰 타격이었다.

국세청에 '세금은 내라는 대로 다 낼 테니 제발 차트를 돌려달라'고 애원했지만, 돌아온 대답은 '와서 카피해 가시라'였다. 정말 어마어마하게 많은 양이었지만 지점 책임자 5명과 함께 가서 다음 날 새벽까지 모조리 복사해서 가져왔다. 그리고 다음 날부터 복사본으로 영업을 했다. 나는 그날 밤새 복사를 하면서 다짐했다.

'다시는 그 어떤 것도 종이로 하지 않겠다. 내가 다시 종이로 뭘 하면 사람이 아니다.'

정말 비참한 기분이 들었다. 그래서 지점 책임자들에게도 '앞으로 종이차트는 없다. 결국 빼앗기는 건 종이이고, 종이가 우리의 발목을 잡는다. 어떤 경우도 종이는 사용하지 말자.'고 선언했다. 이 사건 역시 모든 것의 데이터화를 결심한 계기였고, 그렇게 쌓인 빅데이터가 AI 도입과 활용을 더 수월하게 해주었다.

휴먼에러 없는 고객관리시스템

그날 이후 우리는 모든 데이터를 전산화했다. 고객정보는 100% 전자차트시스템으로 영업할 수 있게 해놓았다. 그때 고객관리시스템(CRM)과 경영정보시스템(ERP)을 만들었다. 그래서 이후 광역수사대가 들이닥쳤을 때도 차트, 기계 그리고 그밖에 모든 서류를 다 가져갔지만 고객차트를 찾으러 갈 필요는 없었다.

고객관리시스템은 고객의 등록정보와 회차별 상담, 관리정보, 더불어 기간 안에 반드시 끝나야 하는 것들을 기준으로 만들었다. 그리고 나는 평소에도 '사람 손은 반드시 실수한다'는 지론을 갖고 있어서, 무엇이든 가능하면 자동화 시스템을 지향했다. 나도 실수할 수 있고, 직원도 실수할 수 있기 때문이다. 그래서 체중계 회사와 협업해서 RF카드를 만들었다. 고객이 RF카드를 찍고 체중계에 올라가면 그 순간 측정된 체중이 서버로 전송된다. 체중은 물론이고 인바디 측정 수치도 사람 손을 거치지 않고 자동으로 서버에 올라가도록 만들었다(믿어지지 않겠지만 인바디 기계 1대 가격보다 측정결과를 서버로 전송하는 시스템을 만드는 비용이 2배 이상이다). 그 후로 모든 측정기기의 측정결과가 서버로 자동전송되도록 만들었다.

또 고객이 어떤 내용으로 상담을 하고 등록했는지 알 수 있는 '상담 PC' 프로그램도 따로 만들었다. 이미 우리 상담 PC 자체가 특허로 등록된 상태였다. 상담PC는 고객의 비만유형과 지방유형을 분석해서 고객에게 가장 잘 맞는 프로그램을 자동으로 추천해주는 시스템이다. 상담 PC에 들어가 내용을 확인해보면 상담의 목적, 컨설턴트가 고객께 권한 프로그램, 고객이 선택한 프로그램, 비용, 비용을 결제한 카드와 할부 개월 수, 현금영수증 발행 여부까지 한 번에 알 수 있다. 그래서 상담 PC 프로그램이 안내하는 순서에 따라 상담과 결제를 진행해야만 시스템에 관리고객으로 등록이 된다.

만약 순서를 건너뛰거나 뭔가 빠트리면 등록이 거절된다. 친분으로 할인을 해주거나 특별 고객으로 무료 관리를 해줄 수도 없다. 실제 누군가의 소개로 온 고객일 경우 소개 혜택을 기재해 관리고객으로 등록한다. 그래서 상담 PC에 순서대로 입력하지 않으면 누구도 관리고객이 될 수 없다. 관리고객으로 등록되지 않으면 예약이 안 되고, 바코드 인식이 안 되고, 체중이나 인바디 측정도 일절 안 된다. 관리비 완불이 안 됐거나 미납이거나 현금영수증을 발행하지 않은 경우도 마찬가지다.

직원들도, 고객들도 처음에는 좀 복잡하다고 느낀 건 사실이었다. 하지만 시간이 갈수록 휴먼에러를 최소화시켜주는 것이 결과로 나타났다. 또 직원이 예외적인 경우를 허용하는 일도 줄어들었다. 가령 관리 일정을 연기한 고객이 갑자기 방문해서 바코드를 찍으면 인식이 안 된다. 다른 지점에 가도 마찬가지다. 만약 사람이 접수를 받았다면, 인정에 이끌려 혹은 고객항의에 못 이겨 예외를 허용해줄 수도 있지 않은가? 그래서 귀찮아하는 고객에게는 "고객님의 권리를 보호하고 투명한 계약 정보를 공유하기 위한 프로세스입니다. 귀찮으셔도 고객님을 위한 것이니 부탁드립니다."라고 양해를 구했다.

비슷한 예로 고객이 관리만 받고 체중을 안 쟀을 경우 고객관리시스템이 다 걸러내 부정성과로 경고메시지를 띄워준다. 인바디를 측정하지 않거나 정해진 체중계로 체중을 재지 않아도 관련 데이터가 서버로 들어오지 않으므로 경고메시지가 뜬다. 몇 회까지 관리를 받으셨는지, 현재 몇 kg 미달성인지, 남은 기간을 고려했을 때 관리 횟수를 다 쓰지 못할 것 같은 경우도 찾아내 경고를 보낸다.

또 등록 고객의 성별과 연령, 직업, 체중, 질병 유무, 살이 찌는 원인과 다이어트의 반복 여부 등 256가지 데이터를 가지고 상담을 하는데, 1차 관리부터 2차 관리까지 감량의 추이를 지켜보고 1차나 2차에서 체중이 느는 고객은 재상담을 하도록 시스템으로 만들었다. 그러면서 감량결과, 고객만족도, 재등록률, 재방문율, 요요현상 유무 등 수많은 데이터를 분석해 통계를 냈다. 그러한 빅데이터를 바탕으로 지점 관리시스템도 만들었다. 이처럼 고객관리에 관한 모든 과정이 시스템화되어 사람 손이 끼어들 여지가 없다.

1원도 누락이 없는 철저한 지출관리

지점을 확장한 이후 ERP도 도입했다. 평균 객단가가 얼마인지, 몇 명의 고객이 등록했는지, 매출이 얼마인지 등을 ERP로 파악했다. 또 회사의 비용은 어디에 지출되는지, 새로운 직원은 몇 명이 들어왔고, 개개인의 입사 정보는 어떻게 되는지 한 번에 알 수 있도록 했다.

또 세무조사 이후에 회계 공부를 열심히 했다. 세금신고에서 현금매출을 누락한 것도 결국 내 책임이니 세무사무소에만 맡길 일이 아니었다. 어떠한 일이 있어도 매출에 대한 투명성을 보장하고 싶다는 마음이 컸고, 시스템을 만들 때도 그 부분에 중점을 두었다.

그중 하나로 지점에서 결제한 고객의 카드정보와 승인번호, 날짜, 금액 이 4가지를 카드사 데이터와 매칭시키는 시스템이 갖춰놓았다. 재무팀은 매일 아침 출근하면 전날 발생한 매출 정보를 매칭하는 일부터 시작한다. 이 매출이 실제 매출인지 확인하고 매칭이 완료된 것만 매출로 판단한다. 매칭이 완료돼서 '완납'으로 판단되지 않으면 고객의 바코드가 안 찍힌다. 그래서 우리 회사는 고객이 "일단 관리 한 번 받아보고 결제하겠다." 해도 등록이 완료되지 않으므로 회장이 아니라 회장 할아버지가 와도 관리를 해드릴 수가 없다. 시스템이 그렇게 되어 있다.

그런데 카드사 승인과 별도로 국세청 홈페이지에 실제 승인정보가 났는지도 확인해야 했다. 이것은 여신금융이라는 여신데이터로 확인할 수 있다. 이 여신데이터를 3일 뒤에 엑셀로 다운받아 지점 데이터와 매칭하고 이 데이터가 통장으로 들어왔는지 맞춘다. 그런데 통장으로 들어오는 것이 엄청나게 복잡하다. 카드사별로, 할부 개월수별로 수수료가 다 다르고, 카드 교체인 경우와 카드 연장인 경우가 다 달라서 그 데이터를 다 선별해서 통장과 매칭해야 한다. 그래서 이 금액이 통장에 완벽하게 들어왔는지까지 3차 매칭을 시키는 방식으로 매출을 확인한다. 그러니 매출이 1원도 누락될 수가 없고, 2016년 세무조사에서는 정말 깨끗한 결과가 나왔다. 이런 시스템이 각 지점에 기본적으로 다 깔려 있다 보니 매출 부분에서 투명성이 해결됐다.

지출도 마찬가지다. 우리 회사는 매장에서 현금을 받지 않는다. 경비지출도 법인카드만 쓰도록 했다. 현금지출을 위해서는 견적서, 계약서, 세금계산서가 필요했고 계약서 서명란에 이미지가 없으면 지출승인이 안 된다. 그래서 그 3가지가 있는 상태에서 지출승인을 하고 승인이 나면 지출을 하고, 그 지출이 지출 통장하고 맞는지 또 비교한다. 지점에서 법인카드 쓴 내역을 모아서 실제 카드회사 데이터와 비교했다. 이렇게 하다 보니 매출과 지출을 뺀 나머지 이익이 파악되기 시작했다.

직원과 아르바이트의 출퇴근도 지문인식 시스템에 등록해서 관리했다. 누가 몇 시부터 몇 시까지 일했는지, 누가 야근이나 특근을 했는지 데이터로 한눈에 보였다. 당시에는 주 52시간 근무제를 지켜야 하는 규모는 아니었지만, 직원들이 고객과 연락해서 주말에 스케줄을 잡는 일이 종종 생겼다. 나는 직원들에게 "쉬는 시간에 쉬고 근무시간에 열심히 근무하자."는 이야기를 항상 강조했다. 그래서 2020년부터는 셧다운제를 도입했다. 근무시간이 오후 10시까지인데 10시 30분이 되면 모든 시스템이 셧다운 된다. 주말에도 시스템에 접속할 수 없다.

그렇게 업무의 모든 부분을 철저하게 시스템화한 결과, 지점이 늘어나고 매출이 커지고 직원이 늘어나도 크게 삐거덕거리거나 곤란해지는 일은 없었다. 어쩌면 직영점만 운영했기 때문에 이런 중앙집권적(?) 관리가 가능했을 수도 있다. 모든 고객의 움직임까지 세세하게 컨트롤할 수 있었기 때문에 지점에서 일어나는 리스크를 줄일 수 있었고, 본사로 찾아오는 클레임도 한결 쉽게 대처했다.

결국 사람이 하는 일

✧　　쥬비스는 영업이익이 어마어마하게 높다. 법인세 전 영업이익이 37%다. 제조업이나 유통업 등은 잘해야 3~5% 수준인데, 무려 매출의 30%가 이익으로 남는 돈 잘 버는 비즈니스다. 다른 사람들은 왜 쥬비스 같은 회사를 키우지 못했을까? 이런 돈 잘 버는 비즈니스를 왜 남들은 못 하는 걸까? 진입장벽도 그다지 높지 않은데, 쥬비스는 왜, 어쩌다가 이렇게 되었을까?

　　그 이유를 생각해보면, '진입은 쉬운데 유지가 어려워서'가 아닐까? 회사가 커질수록 고객의 소리도 커지고, 직원들의 불만도 커진다. 경영자는 그런 일에 휘둘리고 흔들리게 돼 있고, 계속

되면 지칠 수밖에 없다.

사실 대기업들도 다이어트 사업에 잠깐 진출했을 때가 있었다. 어느 유명 화장품 회사는 신사동 가로수길에 4층 빌딩 전체를 임대해서 1층은 식품매장과 레스토랑, 2~4층은 상담실, 관리실로 꾸몄다. 그리고 쥬비스 퇴사직원 11명을 세팅해서 오픈했는데 3년 만에 문을 닫았다. 어느 식품 대기업도 뛰어들려다가 앞에서 이야기한 그 가로수길 매장이 문 닫는 것 보고 모든 계획을 중단시켰다. 그때 그 대기업은 우리 회사를 사고 싶어 했는데 그때는 회사를 매각할 마음이 전혀 없었다.

대기업이 우리 같은 회사를 만들기 어려운 이유가 뭘까? 크게 4가지 정도로 보인다. 첫째, 직원을 제대로 키우지 않으니 본점은 운영할 수 있어도 지점을 내서 규모를 확장할 수가 없다. 둘째, 직원을 키워낼 교육 프로그램이 없다. 셋째, 리더를 만들어내는 과정이 더디기 때문에 그 과정과 시간을 참는 게 어렵다. 넷째, 고가의 가격정책을 유지하지 않는다. 특히 우리나라의 많은 경영자들은 '박리다매'를 생각하지 고객이 1명이어도 고가를 유지하겠다는 생각은 별로 없는 듯하다. 쥬비스는 그 고가 정책을 유지하기 위해서 매년 새로운 프로그램을 개발하고 론칭하면서 지속적으로 시스템을 업그레이드해갔다.

앞에서 말했듯이 100억대를 벗어날 때쯤 큰 홍역을 치르고 시스템을 만들어가기 시작했듯이, 300억대 회사가 갖추어야

2 이제 장사 말고 사업을 합니다

할 것과 500억대 회사가 직원과 브랜드를 지키기 위해 해야 할 일은 다르다. 물론 그 모든 것이 내 머릿속에 들어 있지는 않았다. 나는 경영을 전공하지도 않았고, 어깨너머로 보고 배울 기회도 없었다. 모든 문제에 직접 부딪히고 스스로 해결해가며 회사를 키워왔으니, 이런 문제도 주위의 도움을 받고 스스로 뚫고 나가야 했다.

그래서 나 혼자, 내 생각만으로 무언가를 결정하는 일은 거의 없었다. 사업을 시작할 때도 엄마, 남편 등 주위 사람들에게 물어보았고, 회사를 이끌면서 수많은 의사결정을 할 때마다 주위 사람들의 의견을 구했다. 아무리 잘난 사람도 혼자 결정하는 것보다 여러 사람의 의견을 모으는 것이 중요하다고 생각하기 때문이다. 물론 그 사람들이 의사결정에 정말로 도움을 줄 사람인지가 중요하다. 부정적인 사람한테 물어보는 것은 의미가 없다. 내 인생을 망치는 길이다.

앞에서도 잠깐 언급했듯이, 나는 책을 읽으며 많은 문제들을 해결해나갔고, 크게 감동받고 도움받은 책의 저자는 직접 찾아가거나 강의를 요청했다. 매달 한 번 전 직원이 모여 교육을 받을 때 저자의 강의를 들었다. 대학교 교수님, 의사 선생님, 기업 CEO, 전업 작가님, 스님 등 다양한 분들을 만났고, 그때마다 강연자로 모시게 된 책의 저자들에게 개인적으로 궁금한 것을 질문하기도 했다. 질문이 조금 더 깊어지는 경우, 따로 시간과 도움을 요청해 찾아가기도 했다. 그렇게 만든 인연으로 멘토들은 내가 무언가를 결정할 때마다 지혜를 나누어주시곤 했다.

그중 한 분이 《이기는 습관》의 저자 전옥표 대표였다. 2011년쯤, 대대적인 조직개편을 생각하고 있었다. 회사 규모는 커지는데, 빈 곳이 너무 많았다. 이미 덩치가 커진 청소년을 아기 다루듯 하며 갈 수는 없었다. 이런저런 혁신안을 구상해서 조직에 도입하려고 하자 내부 직원들의 반발이 빗발쳤다. 심지어 핵심인재 중 퇴사하겠다는 사람들도 있었다. 한편으로 서운한 마음이 들었지만, 그보다 더 큰 문제는 '내 생각이 잘못되었나' 하고 나 자신을 의심하게 되었다는 것이다. 그때 전옥표 대표께서 정말 마음에 와닿는 이야기를 해주었다.

"조 대표, 그 사람이 버스에서 내리는 걸 고마워해요. 그 사람이 내리지 않았다면 조직에 계속 어두운 기운이 스며들게 하고, 나중에는 조직을 분열시키는 데 일조할 겁니다."

그 이야기를 듣고 정신이 번쩍 났다. 정말 그렇다. 뒤에서 딴짓하고, 무언가 하자고만 하면 '그걸 왜 하는 거죠?' 하고 일단 반대부터 하고 보는 사람들이 꼭 있다. 이들은 조직 분위기를 흐린다. 열심히 하려고 하는 사람들의 에너지도 빼앗아간다. 회사가 가야 할 방향보다 자기 자신이 우선인 사람들과는 함께 가지 않는 것이 더 좋다. 그런데 그들이 우리 버스에서 내려주겠다고 하니 오히려 고마워할 일이라는 것이다.

그 말에 용기가 났다. 첫째 내가 이렇게 계속해도 되는구나, 둘째 이 사람을 놓는다고 회사가 망하는 것은 아니구나, 셋째 이 사람을 놓아주는 게 나한테 이익이구나 하는 생각이 들었다.

그때가 연매출 100억대 회사로 넘어갈 즈음이었다. 세무조사 끝내고 법인으로 전환하면서 이제 장사 말고 시스템을 갖춘 사업을 해야겠다고 결심했던 때였다. 장사는 돈을 버는 것이 우선이고 내가 부자가 되는 게 목표라면, 사업은 시스템을 갖추고 그 안에서 직원들이 성장하고 안정적인 삶을 영위하도록 하는 것이라고 생각했다.

사업으로 업그레이드하기 위해 헤쳐나가야 할 것도, 고민할 것도 많았지만 그 방향은 분명했다. 우선 해결해야 할 문제는, 최대한 시스템화시켜서 누가 공격해도 무너지지 않도록 하는 것이었다. 그래서 앞에서 말한 시스템을 갖췄다. 오늘 어느 지점에서 무슨 일이 있었는지, 고객이 몇 명 방문했는지, 그 고객이 만족했는지 등을 한눈에 보이게 만든 것이다.

그때 퇴사하겠다고 한 직원을 감사한 마음으로 놓아주었고, 그는 어느 대기업 다이어트 사업부로 이직했다. 그 사업부는 다이어트 식품, 다이어트숍 등 여러 가지를 시도했는데 결국 3년 만에 접었다. 그즈음에 그가 내게 전화를 했다.

"대표님, 이 사업은 아무나 할 수 있는 게 아니에요. 대기업이 하면 잘될 줄 알았는데 아니었어요. 대기업 연구원들도 다이어트에 대해, 고객에 대해 너무 몰라요. 대표님보다 몰라요. 그러니 그들은 이 사업 절대 성공 못 해요."

그는 이후에 화장품 사업을 시작했고, 지금도 매년 스승의 날이면 안부 문자를 본내온다.

밥을 먹는 내내 손을 놓지 않은 이유

다이어트 방법만 잘 알면 정말 이 사업을 잘할 수 있을까? 연구개발만 뛰어나게 잘한다고 다 될까? 꼭 그렇지만은 않다고 생각한다. 결국 모든 일은 사람과 사람이 하는 것 같다. 지금도 연락하며 지내는 K라는 예쁜 아가씨가 있다. 갓 수능을 마치고 어머니 손에 이끌려 찾아온 열아홉 소녀였다. 당시 K는 다이어트 강박과 폭식증이 심했다. 어머니가 직장에 출근하고 나면 혼자 집에서 피자 2판, 콜라 3L씩 먹고 토하곤 했다. 한창 예쁠 나이임에도 손가락을 여러 개 입에 넣고 토하느라 입술 양옆이 늘 부르터 있었다. 정신과 병원에 가기 전에 마지막이라는 마음으로 어머니께서 쥬비스에 등록해준 경우였다.

가만히 보니 K를 집에 혼자 두어서는 안 되겠다는 생각이 들었다. 이렇게 예쁜 소녀가 왜 그렇게 마음이 복잡한가 안쓰럽기도 했다. 그래서 나는 K의 어머니에게 매일 출근할 때 데리고 오시라고 했다. 관리받는 날이 아니어도 본점에서 내가 데리고 있겠다고 말이다. 그래서 K는 하루 종일 본점에서 나와 시간을 보냈다. 점심 식사로 나와 함께 현미밥을 먹었고, 내가 외근 나갈 때도 데리고 갔다.

그런데 점심을 먹으면서 가만히 K를 관찰해보니, 너무 많은 양을 허겁지겁 마시듯이 먹는 버릇이 있었다. 거의 씹지도 않고 삼켰다. 처음에는 "천천히, 꼭꼭 씹으면서 먹자."라고 몇 번 이야기하다가, 어느 순간 나는 K의 손을 딱 붙잡았다. 그리고 밥을 먹는 내내 손을 놓지 않았다. 내가 옆에 있으니까 안심하고 천천히 먹어도 된다는 사인을 주고 싶었다. 그렇게 3~4개월간 K는 매일 본점으로 출근하며 나와 함께 손을 잡고 밥을 먹었다. 지금 돌아보면 내가 왜 그렇게까지 했을까 웃음이 나오지만, 그때는 K에게 가장 필요한 게 무엇일까만 생각했던 것 같다.

그래서 K는 어떻게 되었을까? 10년 넘게 적정체중을 유지하면서 아직도 가끔 예쁘게 나온 셀카 사진을 나에게 보내온다. 폭식증은 당연히 없어졌고, 누구보다 눈부신 20대를 지나 30대가 된 후에도 너무나 예쁘게 잘살고 있다.

이런 일을 돌아보면 '결국 사람이 하는 일'이라는 것을 다시금 느낀다. 아무리 회사 규모가 커져도, 아무리 AI가 분석을 잘해도 내가 K를 붙잡았던 그 손을 대신할 수는 없을 것이다. 그러니 우리 일은 사람의 마음을 어루만지고 아픔에 공감하는 지점에서 시작될 수밖에 없다.

대기업도 손 털고 나간 이유

✧   여담인데, 앞에서 말한 그 대기업이 이 사업에 뛰어들 때 헤드헌터를 통해 쥬비스 퇴사직원들을 다 불렀다고 한다. 다행히 재직 중인 직원들은 단 한 명도 이탈하지 않았고, 퇴사한 직원들만 그쪽으로 옮겨갔다. 가로수길 건물 전체를 으리으리하게 꾸며놓고 겉으로 보기에는 너무 화려했지만, 한 가지 결정적인 문제가 있었다. 알고 보니 직원들이 그 대기업 소속의 정규직이 아닌 파견직이었다는 것이다. 다이어트 사업을 정말 모르는 사람들이구나 싶었다.

컨설턴트는 고객과 가장 가까운 관계가 되어 상담하고 관리하는 사람들이다. 컨설턴트가 마음을 온전히 고객에게 내어주지 않으면 고객은 절대 감량이 되지 않는다. 다이어트가 그렇게 쉬웠으면 혼자 빼고 말지 비싼 돈을 내고 전문가를 찾아올 리가 없지 않은가. 고객에 대한 정서적 지지는 물론이고, 전문적인 지식, 진정으로 고객의 건강을 생각하는 마음을 보여주지 않고는 고객이 움직이지 않는다. 그런 중요한 자리에 있는 사람이라면 '내가 왜 이 일을 하는지?'에 대한 투철한 직업정신이 필요하다. 업에 대한 목적의식이나 사명감이 없으면 하루 만에 나가떨어질 수밖에 없는 일이 바로 그 일이다.

사람들은 쥬비스가 대단한 시스템을 가지고 있으니까 감량결과가 좋다고 생각하지만 나는 그보다 중요한 것이 '인재'라고 생각한다. 직원이 온 마음을 다해 고객을 관리할 수 있는 시스템을 만들어주는 것, 이것이 가장 중요한 포인트다. 이 책의 첫 장에서 이야기했듯이 나는 강사 시절에 비정규직의 설움을 직접 몸으로 경험했기에, 조금은 다를 수도 있는 그 마음이 무엇인지 짐작한다. 아마도 정규직에 비해 파견직 직원들은 교육의 기회도 적고, 불안정하며, 대우도 박할 것이다. 그러면서 어떻게 고객을 성공으로 이끌고 온 마음으로 응원할 수 있을까? 그러면서 어떻게 성취감이나 자신의 성장, 발전을 느낄 수 있을까?

결국 다이어트 사업은 사람 싸움, 데이터 싸움

그리고 우리는 고객을 설득할 수 있는 데이터가 있다. 매일 고객에게 막연히 "오늘도 힘드시죠? 체중 때문에 스트레스받으시죠?" 할 수는 없다. 그런 말도 한두 번이다. 우리는 고객한테 다가갈 수 있는 데이터가 256가지나 있다. 그래서 먼저 그 데이터 중에서 좋아진 데이터를 가지고 고객과 상담을 한다. 체중, 체지방, 내장지방, 부위별 부종, 수면의 질 등 구체적으로 좋아진 것은 무엇이고, 안 좋아진 것은 무엇인지를 고객에게 알려주고, 좋아진 것은 더 좋아지게 할 방법 등을 안내한다. 이것은 직원용 상담 매뉴얼로도 정리되어 있어서 모든 고객이 동일한 서비스를 받을 수 있다. 직원이 마음대로(?) 상담의 내용이나 형식을 바꿀 수 없다는 말이다.

"고객님, 부종이 많이 줄었어요. 관리를 잘하셨나 봐요. 수면 배출량도 좋아졌고, 수면의 질도 좋아졌네요. 체중이 약간 올랐어도 내장지방이 줄었으니까 좋은 방향으로 가고 있어요."

이런 식으로 고객이 실제로 노력해서 좋아진 데이터를 보여주면 고객들은 정말 좋아한다. 반대로 고객이 약속도 지키지 않고 노력을 전혀 안 했을 때는 갑자기 연락이 끊기거나 예약한 시간에 오지 않는다. 그래서 컨설턴트의 상담은 데이터가 중요하다. 느닷없이 "고객님, 오늘 굉장히 예뻐 보이시는데요." 하는 말은 당연히 통하지 않는다. 고객은 늘 우리보다 앞서가고, 우리보다 똑똑하다. 고객이 속으로 '뭐래?' 하는 순간 상담은 끝난다. 신뢰가 뚝 떨어지기 때문이다.

데이터는 팩트다. 그리고 객관적인 정보다. 고객이 이런 노력을 해서 이 부분이 이렇게 좋아졌다는 사실을 눈으로 확인시켜주면, 고객은 확신을 갖는다. 예를 들어서 부종이 몇 % 줄었고, 내장지방이 몇 g 줄었다고 나오는 그래프를 보여주면 고객은 신뢰가 높아지고 컨설턴트의 안내를 믿고 따른다. "그래요? 그럼 조금만 더 하면 되겠네." 하면서 스스로 동기부여도 한다.

결과가 안 좋을 때도 있다. 그럴 때 컨설턴트가 "고객님, 노력을 아예 안 하셨어요? 대체 뭘 하신 거예요?" 하고 다그치거나 비난하는 투로 말하면, 그 순간 고객은 포기하거나 도망친다. 앞에서 말했듯이 우리 고객들은 이미 거듭된 다이어트 실패로 마음이 몹시 부정적이고 비관적인 상황이다. 그런 상황에서 결과가 좋아지지 않으니 다이어트를 하려던 의지도 급격하게 식어버리는 것이다. 아주 작은 의욕의 불씨가 생기려다 말고 훅 꺼지는 순간이다. 그러면 갑자기 급한 일이 계속 생긴다. 관리받으러 가봐야 컨설턴트한테 잔소리만 들을 게 뻔하고, 살은 더 찐 것 같고, 체중 안 잰 지 3일 됐고(쥬비스 고객은 매일 체중을 측정해야 한다), 체중계에 올라가기가 두려우니까 자꾸만 바쁜 일을 만든다.

그런데도 만일 고객이 약속한 시간에 나왔다면, 고객 스스로 포기하지 않으려는 필사적인 노력을 한 덕분이다. 이것은 '나오늘 진짜 위험해요. 포기할 것 같으니 날 좀 붙잡아주세요' 하는 시그널이다. 그럴 때 컨설턴트가 256가지 중에 그나마 좋아진 데이터를 찾아 고객에게 브리핑한다면 어떨까? 고객이 취침 시간, 기상 시간, 식사 시간, 수분 섭취량, 식사량, 간식량까지 자세하게 적은 식단일기를 가지고 '이것을 지킨 결과로 이 데이터가 좋아졌다'고 브리핑한다면 어떨까? 그러면 그 고객은 포기하지 않는다. 잠시 의욕을 잃고 실망했더라도, 올바른 방향으로 가고 있음을 재차 확인시켜주고 데이터로 신뢰를 주면 고객은 다시 힘을 낸다.

그래서 컨설턴트가 중요하다. 컨설턴트가 고객의 체중감량을 돕고 싶고 설득하고 싶으면 뭐라도 찾아서 고객에게 보여주고 고객의 노력을 칭찬한다. 하지만 그냥 빨리 끝내고 싶은 마음뿐이라면 아무것도 찾을 수 없다. 분명히 좋아진 데이터가 있는데도 그 숫자가 안 보인다. 가령 식단일기만 봐도 고객의 노력이 보인다. '식사 시간만큼은 지키려고 노력하셨구나, 적어도 식사량은 약속한 만큼만 드시려고 애쓰셨구나, 일찍 잠자리에 들려고 노력하셨구나, 간식도 지난번보다 조금 덜 드셨구나…'

이렇게 노력한 것이 분명히 적혀 있는데 마음이 없으면 그 노력이 안 보인다. 노력이 안 보이면 데이터도 안 보인다. 이러한 접근이 결국 고객유지율과 감량결과에 영향을 준다. 어떻게 보면 쥬비스의 시스템은 컨설턴트와 고객이 함께 만들어가며 정확성과 효율성을 더욱 높일 수 있었던 것 같다.

바른 다이어트처럼, 바르고 단단한 성장

이런 여러 가지 이유로, 나는 고용이 불안정한 파견직 직원이 고객에게 온 마음을 쏟기란 결코 쉽지 않으리라고 생각한다. 그리고 우리처럼 256가지 데이터를 기반으로 고객을 설득할 수도 없다면 무엇이 좋아지고 나빠졌는지를 어떻게 알 수 있을까? 고객을 어떻게 설득하고 끝까지 프로그램을 마치도록 독려할 수 있을까? 물론 그 대기업이 구상한 시스템에도 여러 장점이 있었겠지만, 결국 준비가 안 된 인재와 미비한 데이터 때문에 3년 만에 접은 것이 아닐까 싶다. 이후에 그 대기업은 식품 쪽으로 집중했다. 아무래도 대기업은 식품사업이 더 유리할 수 있다.

대기업뿐만 아니라 중소규모 다이어트 회사들도 상당히 많다. 시장성이 높아 보이고, 특별히 면허나 자격이 없어도 시작해볼 수 있으니 진입장벽이 낮아 보일 것이다. 그런데 그 많은 다이어트 회사들이 잘 성장하다가도 고꾸라지거나 성장을 멈추는 경우가 많다. 유명 연예인을 모델로 기용해 대대적으로 TV 광고를 하기도 했다. 쥬비스처럼 똑같이 분홍색 현수막을 건 업체도 많았다.

그런데 왜 이 회사들은 어느 단계에서 멈추고 말았을까? 왜 그들은 브랜드가 안 되고 쥬비스 다이어트는 브랜드가 됐을까? 부가가치가 높고 진입장벽이 낮은데 왜 쥬비스는 성공하고 그들은 실패했느냐고 나에게 묻는 사람이 많았다. 물론 나도 그 회사들의 속사정은 잘 모르지만, 지금 돌아보니 이제까지 이야기했던 쥬비스만의 인재 관리, 데이터 관리가 결국 성패를 가르지 않았을까 하고 추측만 해볼 뿐이다. 그리고 지금은 쥬비스가 1등이지만 세상에 독점이라는 것은 없다. 잠깐은 독점할 수 있어도 결국 누군가 따라 한다. 1등에게 2등은 숙명이다.

그리고 어쩌면 '가장 빠른 다이어트가 가장 실패하는 다이어트이고, 가장 바른 다이어트가 가장 빠른 다이어트'라는 우리의 가치관, 원칙이 중요했던 것 아닐까 싶다. 그래서 우리는 고객에게 '바른 다이어트'를 늘 강조하고, '세 끼 밥을 꼭 드시고, 일찍 주무시고, 몸에 좋은 것을 드시고, 몸에 안 좋은 것은 멀리 하시라'고 했다. 이처럼 바른 식습관과 생활습관을 되찾는 다이어트가 결국은 가장 빠른 다이어트가 된다는 걸 알기 때문이다.

초반에 체인사업을 미리 경험해본 것도 큰 도움이 되었다. 체인점은 가장 빠르게 규모를 키울 수 있는 비즈니스 플랫폼이다. 그리고 가장 대대적으로 브랜드를 알릴 수 있다. 여러 곳에 지점이 생기니까 그 자체로 홍보효과가 크다. 그리고 모든 업무를 매뉴얼화하고 서비스를 표준화하면 가장 빠르게 시장에 안착시킬 수 있는 좋은 비즈니스 모델이다. 그런데 생명력이 길지 못하다. 다이어트도 그렇지만, 이렇게 시작이 빠르고 급격한 것은 꾸준히 오래 지속되지 못하는 경우가 많다.

그래서 우리는 체인점을 거둬들인 후 직영점 체제를 고수했다. 앞에서 말했듯이 모든 지점의 모든 고객정보를 컨트롤하고, 고객의 불만사항 하나까지 세심하게 해결할 수 있다. 이렇게 직영점을 운영하고, 정규직만 뽑고, 직원교육에 끊임없이 투자해 품질을 관리했다. 어쩌면 그래서 쥬비스는 살아남을 수 있었고, 이것은 '바른 다이어트'와 같은 맥락이다. 빠른 확장보다 바른 성장을 지향했고, 더디더라도 직원들이 스스로 성장하길 기다렸다.

3

비즈니스는 프레임이 다 했다

채용부터 퇴사까지
모든 리스크를 줄이다

✧　퇴임 후 사업하고 싶다는 젊은 친구들이 자주 찾아온다. 만
나보면 아이디어와 열정, 용기가 정말 대단하다. 우리나라에 이런
훌륭한 젊은이들이 많다는 게 참 뿌듯하기도 하고 기특하기도 하
다. 그런데 이 친구들의 공통점이 있다. 사업 아이템만 있지 인사,
노무, 법률, 회계, 세무 등은 아예 개념이 없다는 것이다. '나도 처
음에는 그랬지' 싶은 생각이 들어 그런 조언을 해줄 때면 더욱 마
음이 쓰인다. 그리고 어떻게 하면 빨리 성공하는지 방법이 궁금해
서 나를 찾아온 것은 알겠지만, 답만 빨리 얻고 싶어 하지 스스로
성공한 사람들을 공부하려고 하지는 않는 것 같아 안타깝다.

회사는 작은 규모에서 중간 규모로 성장하면서, 또 중간 규모에서 큰 규모가 되면서 완전히 달라진다. 제대로 된 뼈대, 즉 규모에 맞는 프레임이 필요하다. 그 프레임을 시스템이 채우고, 사람이 채우고, 리더십과 경영 노하우가 채우는 것이다. 단순히 ERP만 도입한다고 되는 문제가 아니다. 환골탈태 수준이다. 아이들이 갑자기 자랄 때 성장통을 느끼듯이 조직도 프레임이 바뀌면 성장통을 겪는다.

그 과정에서 경영자도 바뀌어야 한다. 단순히 하는 일이 많아지거나 다양해지는 수준이 아니라 마음부터 달라져야 한다. 나 역시 그런 변화의 순간을 경험하며 왔다. 그때 나도 여러 멘토들에게 도움 받았듯이, 결정적인 순간 누군가의 조언이 회사의 미래를 바꿔놓기도 한다.

작은 규모일 때는 가족 같은 분위기가 자랑이지만 규모가 커지면 기업의 틀을 갖추라는 압박이 온다. 연매출이 100억 원이 넘고, 300억 원이 넘고, 직원도 50명이 넘고, 100명이 넘으면 이제껏 경험해본 적 없는 상황이 끊임없이 닥친다. 아무 대비를 안한 경영자는 당황할 수밖에 없다.

그래서 100억대 회사의 고민이 다르고, 300억대 회사의 고민이 다르다. 점프업을 하려면 어쩔 수 없이 조직에 출혈이 있다. 여태껏 해왔던 방식으로는 당연히 점프업이 안 되기 때문이

3 비즈니스는 프레임이 다 했다

다. 완전히 다른 판으로 넘어가지 않으면 절대 다음 단계로 못 올라간다. 그런데 판을 바꾸려고 하면 회사를 사랑하던 핵심인재들도 떠나고 기존의 장점이나 성공요인들도 사라질 수 있다. 경영자는 그러한 출혈을 감당하고 바꿀 것인지, 아니면 감당하지 않고 바꿀 것인지 결정해야 한다. 이것은 정말 중요한 의사결정이다.

회사 규모가 달라진다는 것은 스테이지가 완전히 달라짐을 의미한다. 격투기 선수로 치면 체급이 달라지는 것과 같다. 그때마다 다음 스테이지로 넘어갈 때, 준비하고 갖추어야 할 것이 다 다르다. 매출이 커지고 규모가 늘어나는 것을 직원들의 역량이나 내부 시스템이 따라가지 못하면 성장도 멈춘다. 그 자리에서 멈추기만 하면 다행인데, 기업이 멈추는 것은 곧 후퇴나 다름없다. 페달 밟기를 멈추면 자전거는 얼마 못 가 넘어지고 만다. 점프업이 안 되고 어느 단계에서 계속 멈춰 있다면, 다음 단계에 대한 준비가 부족해서일 수 있다.

예를 들면 100억 미만 규모에서는 노무법인, 회계법인을 따로 세팅하는 것이 사실상 큰 의미가 없다. 직원도 아직 몇 명 안 되고, 일도 그렇게 많지 않기 때문이다. 하지만 200~300억 이상으로 넘어가면 반드시 갖춰야 한다. 나 역시 300억대가 되었을 때부터 그렇게 했다. 일종의 단계별 로드맵이 필요하다는 말이다. 성장의 중요 단계마다 뭐가 필요한지 미리 알아두고 대비해야 한다.

아마 그중에서 가장 큰 고민은 '사람' 고민일 것이다. 우리 회사는 2017년에 양소영 대표가 인사부문 대표이사로 취임했다. 양소영 대표는 2009년 지점 매니저로 시작해 점장, 본사 인사교육 차장을 거쳐 HRD, HRM 대표가 되었다. 10년 넘게 생사고락을 함께해온 셈이다.

그 후로 쥬비스는 3~4년마다 한 번씩 '노사발전재단'으로부터 조직을 평가받아왔다. 참고로 노사발전재단은 국가 지원으로 노사문화 컨설팅은 물론이고 직원들이 회사와 리더를 어떻게 생각하는지 세세하게 진단해주는 여러 사업을 하고 있다.

이런 외부 평가를 받으면 회사가 얼마나 성장했는지, 조직 구성원들의 의견을 얼마나 잘 반영하고 있는지를 알 수 있다. 매주, 매월 조금씩 바뀌는 것은 체감하기 어렵지만, 이런 외부 기관의 주기적인 평가 결과에 대해서는 직원들도 신뢰하고 인정한다. 그 결과를 보며 HRD팀이 얼마나 잘하고 있는지, 그로 인해 조직이 얼마나 탄탄하게 잘 성장하고 있는지를 체감하는 것이다.

우리는 양소영 대표가 인사부문을 책임지고 있었기 때문에 외부의 좋은 시스템을 활용할 수 있었다. 이처럼 '사람'이 고민이라면 사람 문제를 가장 깊이 고민하고 잘 해결할 수 있는 사람을 중요한 자리에 앉히고 책임과 권한을 주어야 한다. 그래야 대표들이 경영하느라 미처 신경 쓰지 못한 부분을 인사부문 대표가 계속 실험하고 수정해나가며 조직에 꼭 맞는 인재전략을 만들어갈 수 있다.

직원이 고민이라면 채용부터 직접 챙겨라

직원이 고민이라는 경영자에게는 채용을 직접 하시라고 조언한다. 직원 문제는 나중에 수습하려면 너무 힘들다. 처음부터 회사와 잘 맞는 사람을 뽑아야 한다. 나는 채용만큼은 꼭 경영자가 직접 보고 의견을 제시해야 한다고 생각한다. 회사가 원하는 인재가 어떤 사람인지를 구체적으로 설정하고 그 기준에 맞는 사람을 채용해야지, 그렇지 않은 사람을 뽑으면 당연히 일하는 과정에서 문제가 생길 수밖에 없다. 그래서 채용 면접에 직접 들어가서 보라는 것이다.

면접에 직접 들어가 보지 않으면 경영자는 이런저런 고민이 깊어질 수밖에 없다. 왜 문제가 있는 지원자들이 채용된 것일까? 채용기준이 잘못되었나? 채용과정에 무슨 문제가 있나? 왜 탈락시켜야 할 지원자를 거르지 못한 걸까? 왜 회사와 코드가 맞지 않는 지원자를 채용한 걸까? 우리가 뭘 잘못했을까? 요즘 직원들은 왜 그럴까? 등등 끝이 없다.

답 없는 고민만 할 게 아니라 직접 채용과정을 경험해보면 무엇이 문제인지 알 수 있다. 그러면 직원에 대한 고민이 더 명료해지고, 문제를 더 쉽게 해결할 수 있다. 이렇게 말하면 경영자들은 대부분 이제껏 그런 생각을 한 번도 못 해봤다고 답한다. 담당부서가 있는데 대표까지 나서면 월권 아니냐고까지 묻는다. 옆에 잠깐 앉아만(?) 있는데 그게 무슨 월권인가?

언어를 바꾸면 된다. 일방적으로 "안 되겠어. 이번에는 내가 들어갈게요. 내가 직접 해야지, 여러분들 못 믿겠어요." 하지 말고 "이번 지원자들 어떤지 궁금한데, 나도 이번 면접에 같이 들어가면 안 될까? 나는 그냥 옆에 앉아만 있을게요." 이렇게 부담스럽지 않게 부탁하면 담당자도 거절할 이유가 없다. 같은 말도 '아' 다르고 '어' 다르다.

그렇게 경영자가 참석하면 면접이 끝나고 인사 담당자가 "어떻게 보셨어요?" 하고 물어올 것이다. 그러면 먼저 잘한 점을 칭찬해준다(그래야 다음에 또 참석할 수 있다). 또 솔직하게 느낀 점도 이야기해준다. 어떤 경우는 면접 중에 인사 담당자가 지원자에게 "이 자리에 저희 회장님이 들어오셨는데 질문하실 것 없으신가요?" 하고 묻고, 경영자에게도 자연스럽게 질문이나 발언의 기회를 준다. 진짜 궁금한 것이 있으면 그때 물어보면 된다.

경영자가 너무 주도적으로 면접을 진행하면 실무자들이 제대로 물어보지 못할 수도 있다. 그리고 대표 눈치를 보느라 정확하게 판단하지 못할 수도 있다(대표님이 좋으시다니까 좋은가 보다 한다). 나는 인사팀에 권한과 책임을 다 주되, 면접장에 들어가 지원자를 직접 보고 꼼꼼히 살폈다. 그리고 끝나고 나서 의견이 있는 경우 인사팀 담당자에게 조용히 전달했다. 혹시 실무자들이 캐치하지 못한 문제점일 수도 있으니 말이다.

3 비즈니스는 프레임이 다 했다

인적성검사로 우리 회사와 맞는 인재를 찾다

앞에서 말했듯이 2009년부터 2011년까지 지점을 2배로 늘렸다. 그러다 보니 직원이 갑자기 늘면서 컨트롤이 안 되기 시작했다. 그때는 내 성격이 무언가 컨트롤이 안 되는 건 용납할 수가 없었다. 그래서 직원들 성적증명서도 받고 부모님, 지인 추천서도 받고 다양한 시도를 했는데 평균 성적으로 직원을 채용해도 일을 잘하는 사람과 그렇지 못한 사람이 나뉘고 퇴사자도 자꾸 생겼다.

나름대로 채용에 신경도 많이 쓰고 잘했다고 생각했는데, 왜 일을 못하는 직원보다 일을 잘하는 직원이 '나는 일을 못한다'며 나가겠다고 하는지 도대체 알 수가 없었다. 그래서 2011년 이후부터는 직원에 대한 고민에 빠지게 되었다.

그때 고용노동부에서 제공하는 인적성 검사라는 것을 알게 되었다. 무료로 사용할 수 있는 프로그램인데, 우리는 그 프로그램을 받아서 먼저 전 직원을 대상으로 검사를 해보았다. 그 결과를 가지고 통계를 냈다. 우리 회사에서 일을 잘하는 직원들은 인적성 검사에서 성취, 인정, 보상 항목의 점수가 높았다. 그리고 성실과 책임이 특히 중요한 포인트였다. 반대로 성과가 비교적 낮은 직원들은 애국심, 봉사심 같은 항목의 점수가 높았다. 물론 애국심과 봉사심이 나쁘다는 뜻은 절대 아니다. 분명 서비스 직종,

특히 공공기관이나 봉사단체라면 매우 중요한 성품일 것이다. 하지만 우리 회사에서 일하고자 한다면 그것만으로는 고객의 감량 결과를 만들어낼 수 없겠다고 판단했다.

그 결과를 보고 알게 된 것이 있다. 우리가 회사와 맞지 않는 사람을 뽑은 것이었다. 봉사정신이 투철한 직원을 전공과 성적만 보고 뽑았으니 이 친구가 성과 중심, 숫자 중심인 우리 회사에서 일하기가 얼마나 힘들었겠는가? 이것은 결국 채용단계에서 인재상에 대한 정의가 제대로 안 되었다는 뜻이다.

그렇다면 우리 회사와 맞는 인재는 어떤 사람일까? 우리 회사는 고객과 약속한 체중을 감량해줘야 한다. 약속한 체중을 감량하는 데서 성취감을 느껴야 하고, 고객과 같은 성취감과 고객의 인정 그리고 숫자로 확인되는 보상이 있어야 하는, 철저히 숫자 중심의 회사다.

그러니 숫자를 잘 보고 숫자에 의해 동기부여가 잘되는 사람, 숫자로 나타나는 인정과 보상을 좋아하는 사람들이 우리 회사와 잘 맞는 사람이다. 사회적 의미나 헌신, 봉사 같은 데서 일과 인생의 의미를 찾는 사람과는 잘 맞지 않는다(그리고 워라밸이 인생에서 가장 중요하다는 사람들도 그렇다).

그 후로 우리는 인적성 검사 결과를 채용에 반영했고, 책임감, 성실함 등의 항목이 부족한 사람은 채용하지 않았다. 또 스트레스에 취약하거나 마음의 안정을 너무 중요하게 여기는 사람도 우리 일은 어려울 수 있다. 언제 바뀔지 모르는 고객의 체중이 항상 불안하고 그러한 불안이 본인에게 스트레스가 되기 때문이다.

반면 성취와 보상을 중시하는 유형의 직원은 고객의 체중을 목표치까지 끌어내리기 위해 엄청나게 동기부여하고 밀착관리를 하면서 고객을 놓지 않는다. 고객이 목표를 달성하면 자신이 더 기뻐하는 유형이다. 실제로 우리 고객들 인터뷰를 보면 '내 체중이 줄었는데 나보다 컨설턴트가 더 기뻐한다', '내 체중에 직원들이 박수 치면서 좋아한다'는 이야기가 자주 나온다. 고객들은 그럴 때 정말 고맙게 생각하고 좋아한다. 물론 체중이 줄어서 성취감을 느낀 것도 있지만, 컨설턴트와 한 팀이 되어 함께 좋은 결과를 만들어냈기 때문에 동지애도 생겨난다. 보통 일을 잘하는 직원들은 이런 성취와 보상을 좋아한다.

이런 점을 감안해서 인재상을 바꾸고 채용기준도 더욱 세심하게 다듬었다. 성격적으로 우리 일이 적성에 맞고 공부하기를 좋아하는 전공자를 채용하면서 조직이 점점 더 안정되기 시작했다.

직원은 나의 첫 번째 고객

✦   규모에 맞는 프레임을 갖추기 위한 여러 노력 중 하나가 리
스크 매니지먼트다. 이에 관한 이야기는 뒤에서 더 자세하게 하겠
지만, 우리 회사의 위험은 고객 또는 직원, 즉 사람에게서 오는 위
험이 가장 크다. 그래서 나에게 '당신의 고객은 누구입니까?'를 물
으면 '나의 첫 번째 고객은 직원'이라고 말한다. 듣기 좋으라고 하
는 말이 아니다. 나의 고객은 직원이고, 직원들의 고객이 진짜 고
객이다. 우리 회사의 모든 고객을 내가 다 신경 쓰고 보살필 수 없
기 때문에, 즉 직원을 통해 고객을 관리하므로, 내 고객은 직원으
로 정의할 수 있다. 그래서 나는 전 직원의 이름, 출신 학교, 혈액

형까지 다 외울 정도였다. 그리고 직원에게 일어날 수 있는 모든 위험요소를 관리했다. 여담이지만, 가끔 고객들이 '쥬비스는 고객보다 직원을 더 중시하는 것 같다'고 불만을 얘기하기도 한다.

직원에게 일어날 수 있는 가장 큰 위험이 뭘까? 바로 '퇴사'다. 채용에도 심혈을 기울이지만, 시간과 열정을 투자해 회사에 맞는 인재로 키웠는데 그 직원이 퇴사하게 되면 그것이 가장 큰 위험이다. 그래서 우리는 노무법인과 함께 퇴사 프로세스를 만들었다. 채용 프로세스는 있어도 퇴사 프로세스가 있다는 회사는 별로 보지 못했을 것이다. 그래서 쥬비스는 '입사도 까다로운데 퇴사는 더 까다롭다'라는 소문이 공공연히 돌았다.

리더십 전문가들이 공통적으로 하는 이야기가, '인재관리의 기본은 채용'이라는 것이다. 채용을 잘하라는 것, 나 역시 그 점을 뼈저리게 느꼈다. 거기에 더해 퇴사도 잘 관리하고 싶었다. 잘못된 퇴사도 회사에 큰 리스크다. 퇴사자와 회사 사이에 트러블이 생기거나 사실과 다른 소문이 날 수도 있다. 법적인 부분, 제도적인 부분을 미리 정비하고 대비해두지 않으면 이런저런 소모전이 생기기 쉽다. 그래서 우리가 만든 퇴사 프로세스의 기조는 '능력 있는 사람은 무릎을 꿇어서라도 반드시 붙잡고 회사와 맞지 않는 사람은 잘 헤어지자'였다.

'이 직원이 회사에 계속 있으면 직원도 좋고 회사도 좋을까?'

쥬비스의 퇴사 프로세스 중 가장 중요한 것이 '퇴사 면담'이다. 내가 모든 퇴사자와 면담하는 것은 아니지만, 3년 이상 근속했거나 회사가 꼭 붙잡아야 하는 직원은 반드시 직접 면담을 했다. 나는 면담 전에 그 직원에 대해 3일 이상 깊이 생각해본다. '이 직원이 회사에 계속 있으면 직원도 좋고 회사도 좋을까?' 이 질문에 '그렇다'는 답이 나오면 무조건 잡았다. 물론 '아니다'라는 결론이 나오는 직원도 있다. 직원과 회사가 잘 맞지 않는 것이다. 그럴 때는 인사팀이나 다른 대표들이 면담한 후에 퇴사 절차를 밟는다. 누구와 하든 반드시 퇴사자는 면담을 한다.

직원이 퇴사를 결심하는 데는 크든 작든 무언가 결정적 계기가 있다. 정말 작은 점 하나에서 폭발하는 경우가 많다. 점 하나 때문에, 그 순간 그 비위가 틀어져서 '나 더 이상 못 해, 그만둘 거야' 하는 마음이 생긴다. 그렇게 한 번 기분이 상하면 모든 상황이 마음에 안 들고, 사사건건 불만스럽다. 동료, 고객과도 마음의 벽이 생기고 어느 순간 '퇴사하겠습니다'라고 선언하는 것이다.

무조건 잡아야 하는 직원들은 퇴사면담을 할 때 가장 먼저 묻는 것이 '언제, 어떤 상황에서 퇴사 결심을 했는지'다. 그때 뭔가 오해가 있었거나 잘못된 프레임이 설정될 수 있으니까 '자네는 그렇게 인지했고 자네 생각이 그렇다는 건 맞다. 그런데 상대방은 왜 그랬을까? 그럼 그는 그때 어떤 언어로 얘기해야 했을까? 그럼 그가 그때 말을 안 했으면 이건 어떻게 됐을까?'라고 여러 상황을 가정해 얘기해주면 마음이 풀어지면서 결정을 번복하게 된다. 그리고 나는 항상 그 직원이 입사한 시점부터 이야기를 시작한다. 처음에는 이런 결심이 있었고, 일하면서 이런 보람도 있었다는 것을 다시 상기시킨다. 그렇게 대화의 시점을 이동하면 관점도 바뀔 수 있다. 이미 끝에 와서 벽을 다 친 상태라면, 거길 아무리 뚫으려고 해도 뚫어지지 않는다.

그리고 퇴사로 인한 리스크를 줄이려면 근로계약서를 잘 써야 한다. 쥬비스 다이어트의 근로계약서는 일반적인 사항 외에 근무 중 주의할 점과 퇴사 프로세스에 대해서도 쓰여 있다. '퇴사할 때는 1개월 전에 서면으로 보고한다'는 조항이 있는데(대부분의 회사가 그럴 것이다) 우리는 그 1개월 기간에도 어떻게 일할지를 구체적인 매뉴얼로 만들어놓았다.

고객의 평균 등록기간이 8주여서 담당 직원이 4주까지는 마무리하고 인수인계를 하거나 관리를 종료할 때까지 근무하는 것을 기준으로 잡는다. 그 사이에는 신규 고객을 맡지 않고, 기존 고객은 담당자를 변경하면서 함께 관리하는 방식으로 고객에게 양해를 구한다.

퇴사자에게도 한 달간 생각할 시간을 주는 것이다. 퇴사

결심이 절대 안 바뀔 것 같던 직원도 한 달 동안 지속적으로 면담하고 교육하고 문제를 해결해주면서 생각할 시간을 주면 50% 이상 회사에 남았다. 그리고 퇴사자는 퇴사일 당일에 나를 한 번 더 찾아온다. 보통은 커피 한 잔, 카드 한 장이라도 써서 마지막 인사를 하러 온다. 그러면 그때 다시 면담을 한다. 보통 퇴사일이 되면 '내가 내일부터 백수구나. 다시 취업할 수 있을까? 그만두는 게 맞나?' 이런 생각으로 마음이 복잡해지기 마련이다. 그래서 어떤 직원은 마지막 날 마음을 돌리기도 했다.

직원을 보호하는 시스템이 있는가?

서비스업은 이직률이 거의 40%에 육박하고, 국내 굴지의 대기업들도 신입사원의 50%가 3년 이내에 퇴사한다는 통계가 있다. 그에 비교하면 쥬비스는 정규직 이직률이 10%대로 낮은 편이다. 나는 그 이유가 바로 이러한 까다로운(?) 퇴사 프로세스 때문이라고 생각한다. 한 달 동안 숙고하다 보면 욱하는 마음이나 한순간의 잘못된 결정으로 퇴사해서 후회하는 일은 일어나지 않는다. 일이 맞지 않아서든 개인 사정이든, 어떤 이유든 회사와 퇴사자 모두에게 발전적인 방향을 제시하는 것이 퇴사 프로세스의 목적이다.

그러기 위해서는 연차, 퇴직금 제도 등을 명확하게 해서 직원이 퇴사할 때 어떤 분쟁도 없게 만들어야 한다. 쥬비스는 퇴직연금제도가 시행됐을 때 곧바로 가입했다. 직원들의 퇴직금을 회사가 끌어안고 있는 것도 싫었고 혹여 회사가 잘못됐을 때 직원들의 퇴직금도 사라질 수 있기 때문이다. 그래서 직원들에게 매달 은행에 적립된 개인별 퇴직연금 내역을 통보하고 퇴직할 때도 퇴직금 수령 가능일과 수령방법 등을 인지시킨다.

그리고 또 고객의 비포 & 애프터나 성공 인터뷰 등 회사에서 제작하는 영상에 직원이 출연하는 경우가 있는데, 그럴 때 직원과도 초상권 계약서를 쓴다. 많은 회사들이 고객의 초상권은 중요하게 생각하면서 직원의 초상권은 어물쩍 그냥 넘어가는 (?) 것 같다. 이것이 나중에 분쟁의 불씨가 될 수 있다. 그래서 우리는 고객과 직원 모두에게 출연료를 지불하는 것은 물론이고 초상권 계약도 철저히 진행한다. 계약서에는 해당 영상의 상영 기간도 명시해 동의를 얻어둔다. 앞서 말했듯이 직원이 나의 첫 번째 고객이기 때문에, 직원도 고객과 동등하게 권리를 보호받도록 한 것이다.

뭘 이렇게 사소한 것까지 빡빡하게 직원과 계약을 하느냐고 의아해하는 사람도 있다. 하지만 특히 최근에 입사하는 1990년대생 직원들은 모든 면에서 명확한 것을 선호한다. 근로계약, 초상권 계약, 성과보상에 대한 것도 성과표로 명확하게 공유해야 한다. 그래야 회사에 대한 신뢰가 높아진다. 이러한 계약서들은 모두 노무법인, 회계법인, 법무법인의 검토를 받아 나중에 다툼의 여지가 문제가 없도록 했다.

또 직원이 정해진 근무시간을 넘긴 것이 확인되면 인사팀에서 해당 지점에 통보하고 이유를 확인한 후 재발하지 않도록 계속 확인을 했다. 그런데도 초과근무가 발생하는 일이 생겼다. 예전에는 나도 주말에 뭔가 좋은 아이디어 생각나면 모바일 메신저로 직원들에게 연락했다. 그리고 고객들도 주말에 종종 컨설턴트들에게 연락해 상담하기도 했다. 하지만 이제는 그러면 안 되는 시대다. 근로계약서에도 이 점을 명시했고, 근무시간을 관리하기 위해 출퇴근 시 지문인식도 했지만, 그래도 잘 지켜지지 않아서 최후의 수단으로 관리자 페이지를 셧다운시셨다.

컨설턴트는 고객에게 애플리케이션 쪽지로 연락을 주고받기도 하는데, 고객에게도 컨설턴트가 근무시간 외에는 쪽지를 보낼 수도 받을 수도 없다고 미리 공지해둔다. 그리고 "○○컨설턴트는 ○시부터 ○시까지 근무합니다. 고객관리 중에는 바로 대답을 못 드립니다. 그리고 주말에는 연락이 안 됩니다."라고 정확히 알린다. 그래야 직원들은 휴무를 보장받으면서 마음 편히 잘 쉴 수 있다.

그런데도 고객과 직원이 개별적으로(카톡 등으로) 연락을 하는 경우가 간혹 있다. 그래서 '회사는 직원의 개인정보를 고객에게 알려드릴 수 없고, 직원 중 누구도 고객의 개인정보를 시스템 밖으로 가지고 나갈 수 없다. 만약 그런 일이 생긴다면 명백한 개인정보보호법 위반이다.'라고 지속적으로 교육시킨다. 그런데도 이런 규칙들을 어기고 주말이나 근무시간 외에 연락을 하거나 근무했을 때 발생하는 불미스러운 일에 대해서는 회사가 책임지지 않는다는 것도 자주 주지시킨다.

회사가 직원의 개인정보에 관해서 느슨하게 관리해서는 안 된다. 예를 들어 직원의 휴대폰번호를 함부로 알려주어서는 절대 안 된다. "저 ○○이 친구인데요. 연락이 안 돼서요. 전화번호 좀 알려주세요." 하고 회사나 지점으로 전화가 와도 절대 연락처를 알려주어서는 안 된다. 이것은 굉장히 상식적인 일인데도 잘 지켜지지 않는 경우를 많이 보았다. 개인정보보호에 대한 개념이 너무 희박하기 때문이다. 고객뿐 아니라 직원들의 개인정보도 중요하기 때문에 근로계약서를 쓸 때도 개인정보에 관련된 부분을 확인시키고 반드시 동의를 받는다. '개인정보는 퇴직연금과 4대 보험 가입 그리고 내부 비상연락망으로만 사용하고 그 외에 고객에게 전달하지 않겠다'는 점을 확실하게 인지시킨다.

'직원이 나의 첫 번째 고객이다'라는 생각은 일종의 방어 전략이기도 하다. 보험회사나 은행에서 상품에 가입할 때 '이해했음', '듣고 이해했음', '들었음', '동의함' 등을 정말 여러 번 쓴다. 그만큼 철저하게 고객이 이해했음을 체크하고 서류(증빙)로 남기는 것이다. 목적은 분쟁에 대한 방어용이다. 여러분의 회사는 직원들에게 보험사나 은행이 고객에게 하는 것처럼 하고 있는지 묻고 싶다. 나는 직원이 첫 번째 고객이기 때문에 보험사나 은행처럼 가장 먼저 직원에게 정확한 정보를 전달하고, 확인하고, 안내해야 한다고 생각한다.

방어전략이라는 것은 어찌 보면 원칙을 철저하게 지키는 데서 시작된다. '대충 해도 되겠지' 하고 안일하게 생각하는 순간 문제가 터지고 공격이 시작된다. 최선의 방어는 공격받지 않는 것이고, 공격받을 만한 원인을 제거하는 것이 가장 중요하다. 누구나 아는 사실이지만, 대부분 직원을 고객으로 생각하지 않기 때문에 그 부분을 놓치기 쉽다.

내가 하면 잔소리,
저자가 하면 인사이트

✧　나는 고민을 오래 하기보다는 일단 뭐라도 빨리 시작하는
편이다. 모드 전환이 빠르다고 할까? 그 원동력은 사실 나는 나
자신에 대한 콤플렉스 때문이었다. 나는 경영학 전공을 하지 않았
고, 경영의 실무를 배울 기회도 없었다. 회사를 키워가면서 그 부
분이 컴플렉스였다. 물론 CEO 과정 등 경영대학의 수업을 직접
들어보기도 했지만, 그 이론으로는 실제 사업을 할 수 없었다. 그
래서 첫째 멘토들한테 많이 물어봤고, 둘째 책을 많이 읽었다.

　　나는 책을 읽을 때 그냥 읽고 끝나는 게 아니라, 꼭지 하나
를 딱 집어서 바로 실행해본다. 이 정도 책을 낸 사람이 했다는데,

그리고 성공했다는데 나도 해봐야지 하면서 말이다. 직원 면담을 하기 전에도 내가 지금 고민하는 것과 관련된 부분을 찾아서 다시 읽는다. 그리고 사소한 것 한 가지라도 꼭 실행에 옮겨본다.

그리고 직원들 생일에도 책에 편지를 써서 선물하는 것이 우리 회사의 독특한 문화다. 전체교육 때도 조금 특별한 방식으로 독서교육을 했다. 일도 바쁘고 재미있는 볼거리도 많다 보니, 요즘 직원들은 한 달에 책 1권 읽기가 정말 쉽지 않다. 1년에 1권도 어렵다는 사람이 많다.

처음에는 다른 회사들처럼 독서교육이라는 이름으로 직원들에게 책을 나눠주고 독후감을 제출하라고 해보았다. 대동소이한 독후감들을 보다 보니 '이런 쓸데없는 짓을 왜 하지?' 하는 생각이 들었다. 그 후로 나는 전체교육 때 1시간 정도를 독서토론 시간으로 정했다. 단, 책을 미리 나눠주지 않고, 그 자리에서 책을 나눠준 다음 직원들과 함께 책을 읽었다. 물론 전체를 다 읽을 수는 없으니까, 핵심적인 부분만 몇 곳 골라서 해당 페이지를 밑줄 치면서 읽는다. 그리고 나중에라도 그 부분만 다시 읽기 위해 접어둔다. 내가 하던 방식대로 직원들한테 책 읽기를 시도해보게 했다. 나도 책을 다 읽지 못할 때는 중요 부분만 먼저 훑어보며 밑줄을 친 다음 나중에 그 부분만 다시 읽고 싶을 때를 대비해서, 어느 페이지인지 모서리를 접어둔다.

이런 방식의 독서교육을 보면 다들 너무 특이하다고 놀란다. 직원들이 미리 책을 다 읽고 와서 토론하는 게 아니라, 그냥 그 자리에서 각자 책을 읽고 마음에 드는 부분에 밑줄을 친다. 그리고 내가 함께 읽어보면 좋겠다 싶은 부분을 골라 같이 읽는다. 직원들은 미리 책을 읽을 필요가 없으니 부담이 적고, 준비할 게 없으니 스트레스도 덜 받는다. 어떻게 하면 책에 있는 핵심적인 내용을 공유하면서 마음 편하게 교육에 참여하게 할지 고민한 결과다.

나는 먼저 그 책을 다 읽고 함께 이야기할 주제를 준비한다. "○○페이지 ○○단락을 보면, 이 저자의 의도는 이러한 것 같은데, 이런 점은 우리도 이렇게…" 하면서 내용을 공유한다. 책을 처음부터 끝까지 완독하지는 않았지만, 중요한 내용을 공유할 수 있고, 나중에라도 그 책을 다시 들춰보면서 더 깊이 생각해볼 수 있다는 장점이 있다.

스트레스 안 받고 핵심만 파악할 수 없을까?

한번은 우리 회사에 강의하러 오신 《근성》의 저자 조서환 회장께서 어떻게 이런 희한한 독서교육을 시작하게 되었느냐고 물으셨다. 저자로서 이러한 독서가 직원들에게 어떤 변화를 주었는지 궁금하다고 하셨다. 그때 나는 이런 대답을 했다.

"우리는 책 읽기가 곧 직원교육이다. 책에 있는 내용을 내가 교육하면 잔소리가 될 뿐이다. 그런데 저자의 언어, 저자의 글로 내용을 공유하면 목소리는 내 목소리이지만 저자의 교육이 된다. 이것이 바로 교육과 잔소리의 차이다. 내가 잘났다고 이 내용을 정리해서 강의하면 직원들은 '저 얘기 또 하시네', '목표 맞추라는 거잖아', '성과 내라는 거잖아' 하고 받아들일 수밖에 없다. 그런데 "저자가 이렇게 쓴 의도는 이랬던 것 같아요."라고 저자의 시각에서 저자의 글로 읽어 주면 직원들은 거기에서 인사이트를 발견한다. 거부감 없이 핵심적인 내용을 받아들이는 것이다."

그리고 이렇게 책을 읽는 방법을 생각하게 된 계기가 있었다. 한번은 직원 면담을 할 때 내가 이런 이야기를 했다.

"내가 면담 직전에 이 책을 꺼내서 봤는데, 저자가 이런 얘기를 하더라. 이게 우리의 현재 상황과 너무 비슷하지 않니?"

그러면서 실제로 책을 펼쳐서 그 부분을 보여주었다. 내가 1시간이나 잔소리를 했을 때는 별로 받아들이지 않던 직원이 밑줄 친 내용을 같이 읽고 나니 눈빛이 달라졌다. 직원들은 회사가 하는 말은 좋아하지 않는다. 객관적이고 권위 있는 누군가의 말이 더 솔깃하다. 그것을 보고 '그렇다면 회사가 하는 얘기가 맞나?' 하면서 프레임이 전환되는 것이다. 내가 아무리 얘기해도 안 먹히는 것을, 책 속의 이야기로 전달했을 때 면담을 성공적으로 마친 사례가 늘어났다. 나 역시 그러면서 배웠다.

전체교육 때 책을 미리 나눠주지 않는 이유도 비슷하다. 미리 읽고 오라고 하면, 괜히 주말에 10페이지도 못 읽고 스트레스받는다. 또 앞부분이라도 조금 읽어보면 부정적인 방향의 추측이 돌아간다. '오늘 또 성과 얘기하겠구나' 하는 선입견 생겨서 책이 제대로 안 읽힌다. 굳이 그렇게까지 해야 할까?

물론 직원들도 이런 방식을 좋아했다. 실제로 전체교육이 끝난 후 직원들이 '오늘 교육 감사합니다'라는 문자를 종종 보내는데, 대부분 책에 관한 이야기다. 교육보다 책의 메시지가 더 마음에 와닿았기 때문일 것이다. 나 역시 내가 교육하려던 내용이 바로 그 책의 내용인데, 책을 읽고 '그 문구에 반성했습니다'라든가 '느낀 점이 많았습니다'라는 피드백을 받으니 너무 좋았다. 그리고 그것이 우리만의 독특한 조직문화가 됐다. 어쩌면 이것 역시 '직원이 첫 번째 고객'이라는 관점에서 생각해낸 방법 중 하나다.

대박 난 마케팅의 비결은
철저한 숫자 분석

✧ '쥬비스' 하면 무엇이 가장 먼저 떠오를까? 대부분 '아, 광고
에서 봤는데…' 하는 대답이 제일 먼저 나온다. 사실 우리 회사가
광고를 엄청나게 많이 하는 듯 보이지만 실제로는 광고비가 생각
보다 크지 않다. 매출액의 일정 퍼센티지를 광고 예산으로 정해놓
되 철저하게 통계에 기반해 타깃 중심으로 광고를 진행한다. 광고
의 효과를 반드시 ROI(투자수익률)로 평가한다. 광고비용 대비 효
과로 통계를 내는 것이 마케팅팀의 KPI이기도 하다.

　　그렇다면 광고효과를 극대화하는 쥬비스만의 비결이 있
을까? 내부 데이터에 기준이 있다. 모델이 누구였을 때, 또 어느

매체(TV, 인터넷, 모바일, 버스 등)에 노출했을 때 어느 연령대, 어느 지역에서 문의가 많이 오는지를 세세하게 파악한다. 예를 들어 버스 광고를 하더라도 그 버스가 지나는 정류장들을 세심하게 따져보고 타깃 고객들의 눈에 얼마나 띌 것인가를 살펴 결정했다. 그리고 기대한 만큼 효과가 나오지 않으면 빠르게 노선을 변경한다.

사실 쥬비스 광고 중에 가장 큰 화제가 되었던 것은 CGV 극장 화장실 랩핑 광고였다. 요즘은 웬만한 화장실에도 파우더룸 공간이 따로 있고 늘 깨끗한 상태지만, 예전에는 공중화장실의 청결 수준이 지금과 달랐다. 때문에 처음에는 사람들이 왜 더러운 화장실에 광고를 하느냐며 불편해하기도 했다. 물론 당시에도 CGV 화장실은 넓고 깨끗했기 때문에 우리는 입구부터 내부 벽면, 문까지 모두 쥬비스 모델로 랩핑을 했다.

그때는 IPTV나 넷플릭스 같은 것이 없었고, CGV, 메가박스, 롯데시네마 같은 극장이 늘 인산인해였다. 처음 화장실 광고를 고민할 때, 본사 직원들이 직접 주말에 극장에 나가서 화장실을 이용하는 사람이 몇 명이나 되는지 계수기를 손에 쥐고 세어보았다. 사람들은 극장에서 영화 1편을 볼 때 화장실을 몇 번 이용할까? 우리는 영화 시작하기 전에 혹은 끝나고 나올 때, 화장실에 들어가는 사람의 수를 세어 통계를 냈고, 당일 입장객 수와 비교해보았다. 그리고 극장 이용고객의 95%가 영화를 보기 전이나 영화를 보고 난 후 무조건 화장실에 들른다는 결론을 얻었다. 독자 여러분도 극장에 머무는 2~3시간 동안 최소한 1번 이상 화장실에 갈 것이다.

그래서 CGV, 메가박스와 협업해서 화장실 랩핑 광고를 낮은 가격에 시작했다. 화장실 입구부터 분홍색의 쥬비스로 도배했다. 사람이 몰릴 때는 화장실 앞에서 '한 줄 서기'를 했기 때문에 우리 광고모델을 안 볼 수가 없는 구조다. 그 결과 영화관 광고가 대히트를 쳤다. 이후 영화관 랩핑 광고의 단가가 엄청나게 올라갔다. 그만큼 광고효과가 좋았다는 뜻이다. '여자 화장실에 남자 모델 사진이 너무 크게 붙어 있어서 깜짝 놀랐다'고 말한 고객도 있긴 했지만 그만큼 파격적으로 오래 기억에 남는 광고였다는 의미이기도 하다.

그 화장실 광고는 쥬비스 광고 역사에서 가장 효과가 좋았던 것 중 하나였다. '볼 수밖에 없는 마케팅'이었고, 남들이 시도하지 않았기 때문에 초기에 저비용으로 극장을 선점할 수 있었다. 물론 그 후 화장실 랩핑 광고도 극장이면 무조건 들어간 것은 아니다. 극장의 위치, 시설, 주변 인프라에 따라 입장객 수가 달라지기 때문에, 그 영화관에 오는 사람의 수가 많은 주말에 실제 현장을 방문해서 확인하고 철저하게 통계에 의해 광고를 진행했던 것이 성공한 이유다.

살얼음판 같은 연예인 마케팅

그 이후에 성공한 마케팅은 가수 노유민 님을 모델로 한 연예인 마케팅이었다. 사실 업계에서는 '터졌다'고 부를 만큼 성공적인 케이스였다. 일단 비포&애프터 사진이 시각적으로 큰 충격을 주었기 때문이다. 방송인 유재환 님도 살을 빼고 완전히 리즈 시절로 돌아간 경우여서 큰 이슈가 됐다. 그 후로 연예인들 사이에서도 "쥬비스에 가면 살이 잘 빠진대. 노유민이 뺐대." 하는 입소문이 날 정도였으니 말이다.

물론 연예인 마케팅도 리스크는 있다(실제로 실패한 사례도 있었다). 하지만 그만큼 폭발력도 있기 때문에 연예인 마케팅을 계속 이어오고 있다. 쥬비스에서 체중감량에 성공한 연예인을 노출시키는 기사를 내고, 해당 연예인을 방송에도 출연시켜 감량결과를 온 세상에 알리는 마케팅이다.

그 후에는 방송 CF를 많이 내보냈다. 물론 TV 광고는 비용이 크다. 연예인 마케팅 이후 매출액이 올라감에 따라 광고 예산도 늘었고, 거기에 맞춰 가장 효율성이 높은 매체로 TV를 택했다. 사실 광고 예산이 적었던 시절에는 TV 광고를 하고 싶어도 할 수가 없었고, 포털사이트 키워드 광고 등을 했지만 그 한계가 명확했다.

연예인 마케팅을 하면서 우리도 많은 것을 배우고 느꼈다.

정말로 살이 안 빠지는 분들도 계셨다. 일반인에 비해 생활패턴 자체가 너무 불규칙하고 스트레스도 상당한 직업군이다 보니 감량 자체가 잘 안 되는 경우다. 뿐만 아니라 사생활 논란, 인성 논란, 말실수 등으로 한순간에 대중에게 외면받는 일도 자주 일어나기 때문에 하루하루가 살얼음판 같았다. 그리고 체중이 많이 줄어들더라도 대중에게 신뢰받지 못하는 비호감(?) 연예인은 광고 효과가 없다는 사실도 깨달았다. 기업이나 브랜드도 다르지 않다. 한 번 비호감이 된 브랜드는 무슨 수를 써도 호감으로 바뀌지 않는다는 것, 그게 진짜 무서운 것이다.

라디오 광고 실패에서 배운 것

사람들은 쥬비스가 마케팅을 엄청나게 잘하는 회사라고 알고 있지만, 모든 마케팅이 다 성공한 것은 아니었다. 가장 실패한 마케팅은 라디오 광고였다. 라디오 광고를 했던 이유는 남성 고객, 특히 운전하는 남성 고객에게 접근하기 위해서였다. 그런데 실패했다. 우리는 비용(투자) 대비 3배 이상을 거둬들이지 못하면 실패라고 보는데 라디오 광고가 그랬다. '비용 대비 3배'라는 것은, 이전에 했던 마케팅이(연예인 마케팅을 제외하고) 대부분 비용 대비 3배의 효과를 거뒀기 때문에 생긴 룰이다. 쥬비스 다이어트가 광고비로 매출액의 10%만 쓰는데도 그렇게 큰 매출액이 나오는 이유다.

마케팅의 근간은 ROI다. 유현주 마케팅 대표가 지점 10개일 때 입사해 마케팅 대리, 과장, 차장을 거쳐 지금 대표가 됐는데, 유 대표의 장점은 철저한 데이터 분석이다. 결과 데이터를 분석해서 금액 대비 효과가 없으면 절대 누구의 말에도 넘어가지 않는 자기만의 철학이 있다. 그리고 더 중요한 장점은 브랜드를 손상시키는 일은 절대 하지 않는다.

남성 고객들이 점점 늘어나기 시작했을 때, 우리는 어떻게 하면 남성들에게도 쥬비스를 알릴까 고민했다. 그래서 남성 청취자들이 가장 많이 듣는 라디오 시사 프로그램 앞뒤로 광고를 해보았다. 그런데 결과가 너무 안 좋았다. 왜 라디오 광고는 결과가 안 좋았을까? 광고를 들었다는 사람은 꽤 많았는데, 왜 고객이 안 오는 걸까?

그런데 우리가 놓친 것이 하나 있었다. 다이어트 서비스는 어쨌든 시각적으로 자극과 충격을 주어야 마음이 동하는 법이다. 그런데 라디오는 귀로 듣기만 하니까 아무리 우리 서비스가 좋다고 외쳐도 자극이 되지 않았던 것이다. 사람의 눈과 귀가 이렇게 다르다는 것을 그때 알았다.

기업은 왜 광고를 할까? 기업의 존재 이유를 알리고 브랜드를 알리는 것도 중요하지만, 중소기업은 광고를 통해 매출이 일

어나야 한다. 다이어트 시장에서 매출이 일어나려면 다이어트의
결과를 시각적으로 확인시키는 방법밖에 없었다.

　게다가 유현주 대표가 실패한 이유를 분석하면서 가져온
자료가 또 있었다. 남자들은 시각이, 여자들은 청각이 더 발달했
다는 내용이었다. 그래서 남자들은 소리로 들은 것보다 눈으로 본
것을 더 잘 기억한다. 그러니까 라디오라는 매체가 쥬비스의 서비
스와 어울리지 않았던 것이다. 우리는 고객과 직접 상담을 하기
때문에 상담할 때 무조건 어떤 경로로 알게 되었는지를 물어본다.
전화상담이나 카톡상담을 할 때도 반드시 묻는 질문이다. 고객이
기억을 잘 못 하는 경우도 간혹 있지만, 그런 질문을 어떤 매체가
효과적이었는지 알 수 있다.

"고객을 한 달에 몇 명이나 만나보세요?"

　마케팅과 매출이 고민이라는 경영자들이 나를 찾아오면
나는 이렇게 물어본다.

　"대표님, SNS는 하세요?"

　대부분 안 한다고 답한다. 그러면 또 묻는다.

　"그럼, 고객을 한 달에 몇 명이나 만나보세요?"

　놀랍게도 고객과 직접 만난다고 대답한 경영자는 1명도
없었다. 그러면 나는 또 질문한다.

　　　　　　　　　　　3 비즈니스는 프레임이 다 했다

"그럼 골프는 한 달에 몇 번 나가세요? 술은 좋아하세요?"

이런 걸 물어보면 봇물 터지듯이 말씀이 많아진다. 자랑은 아니지만, 나는 일단 술은 잘 못 하고 운동을 안 좋아해서 골프도 안 쳤다(퇴임 후에야 배우기 시작했다). 우리 업종이 B2C이고, 특별히 골프가 필요한 비즈니스는 아니었기 때문이다. 나는 조금이라도 시간이 나면 고객을 1명이라도 더 만나려고 애썼다. 대부분의 문제가 고객에게서 나왔고, 고객을 만나야 문제가 해결되었기 때문이다. 매출이 진짜 고민일 때, 그리고 매출이 왜 안 나오는지 궁금할 때는 고객을 더 많이 만나고 더 오래 관찰하려고 했다. 고객이 왜 우리 회사에 왜 왔는지, 왜 우리 서비스를 사용하는지 물어보았다. 그러면 우리의 장단점이 분명해졌고, 생각지도 못한 인사이트를 얻기도 했다. 나뿐만 아니라 각 부문 대표이사들과 본사 직원들 역시 무조건 한 달에 1번씩은 지점에 나가서 고객을 만나도록 했다.

그런데 밑도 끝도 없이 고객을 어떻게 만나느냐고 묻는 경영자들이 있다. 당연히 그럴 것이다. 나는 주로 본사로 온 고객 컴플레인을 해결할 때 직접 전화를 걸었다. 지점으로 온 컴플레인은 지점 책임자가 해결하지만, 많은 경우 각 부문 대표들과 내가 직접 해결했다. 그래야 고객의 불만을 (누군가를 거치지 않고) 직접 들을 수 있고 최대한 빨리 해결할 수 있기 때문이다. 권한이 별로 많지 않은 담당자가 "죄송합니다."를 반복해봐야 해결되지 않는다. 정말 해결이 어려워서 본사에까지 고객이 연락하는 경우는 한 달에 1~2건이었기 때문에 직접 나설 수 있었던 것이다. 그럴 때 나는 "제가 쥬비스 다이어트의 조성경 회장인데요." 하고 말하면서 고객의 이야기를 최대한 열심히 듣는다. 그러면 일단 고객은 '회장이 직접 해결한다고?' 하고 놀라면서도 조금은 마음이 풀어진다.

그리고 나는 시간 날 때마다 직영점에 자주 나가서 기계 세팅도 열심히 했다. 그러면서 고객께 "고객님, 몇 kg 빼셨어요? 많이 빼셨어요?", "고객님은 왜 등록하셨어요? 어떤 점이 좋으세요?", "직원들이 잘못하는 것 있으면 저한테 알려주세요. 저희 직원들 뭐가 문제예요?" 이런 질문을 하며 말을 건다. 그럼 고객들은 웃으면서 대답해준다. 특히 마지막 질문처럼 직원들에 관해 물을 때는 "아유, 다 잘해요."라고 대답하면서 좋아한다(물론 내가 진짜 직원들을 못 믿어서 혹은 감시하기 위해 질문하는 게 아님은 독자 여러분도 충분히 이해하실 거라 믿는다). 그러면 그 고객은 바로 우리 브랜드를 사랑하는 찐(?)고객이 된다. '아, 내가 이 회사에 중요한 고객 중 한 명이구나. 회사가 나한테도 의견을 묻는구나.' 하고 느끼기 때문이다. 그게 바로 참여감이고 연결감이다.

한번은 우리 회사 블로그에 올라온 글을 시청점 직원이 캡쳐해서 보내주었는데, 이런 내용이었다.

"어디서 많이 본 여자가 있었다. 포스가 남달랐다. 그 여자가 갑자기 내 등살을 꼬집더니 '오늘은 여기다 세팅해드릴게요.' 했다. 내가 진짜 남편한테도 안 보여준 겨드랑이 살, 브래지어 라인인데…. 그러고는 이제까지 해본 적 없는 세기로 올렸는데 별로 안 아팠다. 끝내고 나올 때 그분이 쥬비스 회장인지 알았다. 그분이 나한테 와서 '몇 kg 빼셨냐, 잘 빼셨냐' 하면서 컨설팅을 해줬다."

그 글을 읽고 나 역시 '내가 언제 그랬지?' 하고 다시 생각했다. 나는 고객을 만나면 본능적으로 어디를 빼야 할지 가장 먼저 스캔한다. 그러면서 고객과 자연스럽게 대화를 나눈다. 고객의 관심사가 무엇인지, 무엇을 보고 오셨는지, 무엇을 구매하고 싶은지, 우리가 무엇을 바꾸면 더 좋을지를 물었다. 그리고 10분 남짓의 대화에서 어마어마한 인사이트를 얻는다.

그래서 매출이 주춤하면 본사 직원들에게 2가지를 주문한다. 첫 번째는 "지점에 나가자!"이고, 두 번째는 "악플을 찾자!"다. 2가지 다 목적은 고객의 생각을 파악하는 것이다. 고객의 생각을 알면 (고객이 어떤 점에서 오해했다면 앞으로 그러지 않도록) 교육을 강화하거나, 신뢰도를 높이는 방향으로 홍보문구를 바꿀 수 있다. 보통 아주 사소한 문제들이 걷잡을 수 없이 큰 문제가 되는데, 고객을 직접 만나고 악플을 분석해보면 그 사소한 문제가 무엇인지 빤히 보인다. 그 불만이 오해라면 홍보카피로 그 오해를 해결하거나, 컨설팅할 때 강조해서 말씀드린다. 그 정도에서 해결되지 않는 문제는 시스템을 바꾸고 교육을 강화해 어떻게든 집요하게 문제를 해결한다.

중요한 것은 매달, 매일 고객의 소리, 고객의 불만에 귀 기울이고 예민하게 받아들이는 것이다. 오너가 그 부분에 예민하게 반응하고 신경 쓰면 직원들도 자연스럽게 고객의 불만에 직접 귀 기울이고 해결방안을 모색한다. 한 번 두 번 그냥 모른 척 넘어간 고객의 목소리가 나중에 브랜드에 치명타를 입히고 리스크로 돌아온다.

'대표이사가 전화했다고? 회장이 전화했다고?'

일반적으로 CS팀이나 고객만족팀 같은 별도의 부서가 고객불만이나 의견, 제안사항을 처리하곤 한다. 하지만 쥬비스는 모든 CEO가 매일 아침 10시에 고객이 남긴 불편사항, 불만사례에 대해 직접 보고받는다. 그리고 전 직원이, 특히 본사 전체가 최대한 신속하게 대응하는 매뉴얼이 있다.

예를 들어, 감량 불만은 본사 교육팀에서 교육을 맡은 양소영 대표가 직접 혹은 교육 담당 직원이 고객에게 직접 전화를 드린다. 그래서 감량의 방향성을 제시하고 컨설턴트와도 협의해 그 부분을 일치시킨다. 앱과 관련된 불만은 정보기술팀에서 직접 해결한다. 한번은 IOS용 앱에서 에러가 발생한다는 고객불만이 접수되었다. 앱에 에러가 있는데 왜 수정을 안 하느냐, 왜 이렇게 속도가 느리냐 하는 불만이었다. 그때 정보기술팀 팀장이 직접 고객에게 전화를 걸어서 버전과 설정에 대해 자세히 설명해드리고 문제를 해결했다. 그 고객이 나중에 '역시 1등 브랜드는 다르다'며 좋게 평가를 해주기도 했다.

　　서비스, 영업과 관련한 불만도 마찬가지다. 이벤트 고지에 대해 설명이 부족하다거나 이해가 안 된다고 고객이 불만을 표하는 경우 마케터나 디자이너가 직접 고객과 통화를 한다. 직접 고객에게 연락해 이해시키고, 설득하고, 사과드리고, 다시 배우는 그런 경험을 하고 나면 마케터와 디자이너도 한층 성장한다. 일을 대하는 태도가 바뀌고 사소한 실수나 오해가 발생하지 않도록 더 각별히 신경 쓴다. '고객'이라는 두 글자가 주는 무게감이 실무자의 '책임감'으로 바뀌는 순간이다. 이처럼 전 직원이 불만해결에 집요하게 매달리다 보니 일일 고객수 대비 컴플레인수가 서비스 업계 평균보다도 현저하게 적다.

　　고객이 어딘가에 불만사항을 올렸는데 다음 날 바로 본사에서 연락이 온다면, 일단 마음이 약간 풀어진다. 그런데 '총체적인 불만이 있고 나는 지금 폭발 직전이다' 하는 신호를 주는 고객에게는 "쥬비스 다이어트 대표이사입니다." 하고 대표이사가 전화한다. 그래도 화가 안 풀리는 고객에게는 회장인 내가 직접 진화를 했다.

"고객님, 죄송합니다." 하고 진심을 담아 말씀드리면 고객은 조금 누그러진다. 또 회사의 대표이사나 임원 혹은 그 부서의 책임자가 전화를 했다는 사실에 놀라워하면서 또 한 번 마음이 풀린다. '대표이사가 전화했다고? 회장이 전화했다고? 내 의견을 무시하진 않는구나!' 하는 것이다.

경영의 모든 순간에 고민해야 할 게 마케팅이다. 쥬비스의 마케팅이 모든 서비스 업계 마케팅의 정답이나 표준은 아니겠지만, 우리만의 차별화된 성공 포인트 하나 있다. 철저하게 숫자 중심, 데이터 중심으로 예측하고, 집행하고, 결과를 돌아보며 계속해서 방향을 수정해나갔다는 점이다.

잘 키운 커뮤니티 하나,
열 마케팅 안 부럽다

◆   팬카페 성격의 커뮤니티 '쥬비어터'부터 '하체 비만 연구소', '세상을 바꾸는 다이어트', '세상의 모든 다이어트' 등 쥬비스 고객들은 자발적으로 카페를 개설하고 관리한다. 자동차를 사면 자동차 동호회에 가입하듯이, 우리 고객들은 카페에서 엄청 활발하게 활동한다. 이 커뮤니티는 쥬비스 마케팅의 여러 영역 중에서도 굉장히 성공한 사례다.

물론 거기에 '쥬사원'이라고 불리는 우리 직원이 한 명 있다. 일부러 고객인 척할 필요가 없으니 시작부터 '저는 쥬사원입니다. 궁금한 것 있으시면 물어보세요' 하고 정체(?)를 밝혔다. 기페를 둘러보면 고객들의 팬덤이 어마어마하다는 걸 느낄 수 있다. 쥬비스 덕분에 결혼하고, 출산하고 그렇게 인생이 바뀐 사람들이라 카페 활동에 굉장히 열정적이다.

사실 처음에는 우리 업이 팬덤이 생기기가 어렵다고 생각했다. 고객이 살을 다 빼면 끝나기 때문이다. 연필은 사고 또 사는데, 심지어 마스크는 매일 쓰고 버리는데, 우리는 그게 아니다. 고객을 계속 붙잡고 있을 수가 없다. 살을 다 뺐는데 '더 빼세요' 할 수도 없다. 우리는 '졸업'이라고 표현하는데, 정성스럽게 적정 체중으로 만들어드린 고객을 졸업시켜 밖으로 내보내는 것은, 사실 비즈니스 측면에서는 좋지 않다.

우리는 고객 인터뷰를 굉장히 많이 한다. 그때 보면 고객들은 회사가 하는 말을 그다지 신뢰하지 않는다. '그건 너희 입장이고' 하는 반응이 대부분이다. 직원도 회사가 하는 말은 신뢰하지 않는다. 오히려 선배는 후배가 하는 말을, 후배는 선배가 하는 말을 더 신뢰한다. 고객들도 비슷하다. 회사가 아무리 좋다고 소리높여 이야기해도, 옆자리 동료나 아는 언니가 넌지시 말해주면 그게 훨씬 더 귀에 잘 들어온다. 즉, 우리 서비스를 한 번이라도 경험해본 고객이 하는 이야기나 댓글, 후기만 신뢰한다는 뜻이다.

고객은 왜 회사를 안 믿을까? 거짓말을 해도 안 믿고, 거짓말을 안 해도 안 믿는다. 아예 말 자체를 안 믿는다. 그러니 회사

　　　　　　　3 비즈니스는 프레임이 다 했다

대신 말해줄 스피커가 필요하다. 이 말을 대신해줄 수 있는 사람들이 누굴까? 생각해보니 우리에게는 우리를 좋아하는 사람들이 있다. 쥬비스로 인해서 인생이 바뀐 고객들, 그런 고객들을 모아보면 어떨까?

당연히 카페만 덜렁 개설한다고 해서 팬덤이 저절로 생길 수는 없다. 조그만 동호회에도 사람이 모이면 알력 싸움이 생긴다. 그래서 우리도 카페를 열고 기존 고객들을 초대했다. 처음에는 회원 10명으로 시작했는데, 그중 관리자 6명을 먼저 선정해드렸다. 그다음부터는 6명의 운영진을 자체적으로 뽑고 운영한다.

그리고 이 카페는 회사와 관계없다는 점을 강조했다. 실제로 쥬비스 직원인 쥬사원이 있는 카페는 '세상의 모든 다이어트'한 곳뿐이다. 그 외에는 모두 고객들의 커뮤니티다. 대신 카페에 누군가가 '저는 왜 안 빠질까요?'라고 올리거나, '저는 이런 점이 컨설턴트님에게 불만이에요' 같은 글이 올라오면 카페 운영진이 지점에 알려준다.

고객이 '기분 나빴다', '어떻게 하면 좋겠냐', '환불받고 싶다' 등 불만을 올리면 커뮤니티 회원들이 모두 한마디씩 거든다. 일단 위로를 해준다. '지점에 대신 전해주겠다', '컨설턴트에게 이런 식으로 이야기해봐라', '지점 책임자를 만나 봐라' 등으로 고객들이 자신의 경험을 바탕으로 조언해주기 때문에 사실 거기에서 제기되는 컴플레인은 쉽게 해결되는 경우가 많다.

예를 들어 '그게 그럴 수도 있어요?' 하는 질문을 올리면, 회원들끼리 서로 의견을 나누며 토론을 한다. 다른 회원들의 의견을 읽다 보면 '내가 좀 예민하게 생각했나?', '그냥 전화해서 물어보면 되겠네' 하고 생각할 여유가 생긴다. 또 '저도 그때 그랬어요', '그때는 안 빠지지', '이거 이렇게 바꿔보세요' 하는 식으로 회원들끼리 서로서로 식습관 컨설팅을 해주면서 고민을 올리기도 하고, 그 고민을 함께 해결해주기도 한다.

열정적 참여를 부르는 '경험 공유의 힘'

회사가 카페에 올라온 게시물 하나하나를 다 모니터링할 수는 없다. 그리고 카페는 그 성격상 회사가 관여하지 않는다는 것이 중요 포인트다. 그래야 고객들끼리 진정성을 갖고 편하게 의견을 나눌 수 있기 때문이다. 심각한 컴플레인일 경우는 카페 운영진이 회사에 알려주지만, 그 이외의 경우는 회사가 끼어들지 않는다. 회사 입장이 아니라 같은 고객 입장에서 공감해주고 해결책을 제안해주는 것이 원래의 목적이기 때문이다. 어쩌면 커뮤니티의 목적 자체가 '공통의 경험을 나누는 것'이어서 더 그럴 것이다. 체중감량이라는 어려운 여정을 시작한 고객들이 비슷한 경험, 비슷한 위기를 함께 나누면서 '나만 힘든 게 아니구나'를 느끼고 서로 위로도 해준다. 경험 공유의 힘은 이토록 강력하다.

그렇게 해서 조금씩 성격이 다른 쥬비스 팬카페들이 생겨났다. 자동차 팬카페를 보면 경쟁사 직원들이 고객인 척하고 들어와서 안티 여론을 조성한다는 루머도 있는데, 사실 회사 입장에서 이런 카페 운영은 정말 쉽지가 않다. 여기에도 정말 숨은 노력이 많다. 마케팅팀 직원들의 노력도 많지만, 카페 회원들의 열정도 놀라울 정도다. 코로나19 이전에 운영진 회의를 오프라인으로 1달에 1회씩 했는데, 주말에도 대구, 부산에서 꼭두새벽에 KTX를 타고 오시는 분들도 있었다(게다가 손수 만든 맛있는 간식도 자주 들고 오셨다). 그 모임을 운영한 우리 마케팅팀의 노력도 대단했지만, 커뮤니티 운영진들의 열정적인 참여는 무엇과도 바꿀 수 없는 귀중한 것이었다.

온라인에서 회원들끼리 주고받은 이야기나 경험담 같은 것은 사실 돈을 주고 모으려고 해도 모을 수가 없는 귀중한 자료들이다. 그래서 커뮤니티는 회원의 숫자보다 내용(품질)이 중요하다. '세상의 모든 다이어트'는 회원이 10만 명이다. 거기에 악플 1개가 올라오면 10만 명이 본다. 하지만 반대로 서로 끈끈하게 돕고, '나도 예전에 다른 회원들한테 따뜻한 위로를 많이 받았지' 하는 느낌을 받으면 회원들은 그 카페를 좋아하게 된다. 그리고 다른 사람을 도와주고 싶어진다.

회원들끼리 정기모임도 하고, '다이어트 주말 보내기'라는 행사를 하며 만나서 힐링하고, 샐러드 카페도 가고, 사진도 올린다. 같은 고민을 가진 사람들을 만나서 서로 힘든 점을 나누고 위로해주며 힘을 얻었다. 남성 회원들도 참여율이 높아지고 있다. 마케팅 대표인 유현주 대표가 그런 은은한 관리를 굉장히 잘한다. 보통 센스로는 불가능한 일이다.

보통 회사의 공식 홈페이지에는 회사가 전하고자 하는 일방적인 메시지만 있다. 그래서 회사 직원들(아니, 경영자) 말고는 아무도 관심이 없다. 고객에게는 더더욱 별 의미도 없고, 도움도 안 된다. 하지만 이 카페들은 그렇지 않다.

요즘 인스타그램 같은 SNS 역시 본사에서도 관리하고, 지점에서도 각자 필요한 것들은 직접 올리지만, 사실 고객들도 많이 한다. 본인 계정에 내가 이렇게 다이어트하고 있다는 스토리도 올리고(워낙 모든 것을 인증하는 시대라) 별의별 것들을 다 올려주신다. 그런 고객들의 자발적인 SNS 마케팅에 대해서는 잘 모니터링해두고 여러 혜택을 돌려드려 감사함을 전하고 있다.

남성 고객을 잡는 특별한 방법

✧ 　우리나라 비만 관련 통계를 보면 남성 비만율이 꾸준히 높아지고 있다. 쥬비스도 이미 20% 이상이 남성 고객이고 그 비율은 점점 높아지고 있다. 그렇다면 우리는 '남성 고객들은 왜 살이 찔까?'를 연구해야 한다. 주요 원인으로 직장 스트레스, 회식, 술자리 때문인 경우가 많았다. 호르몬을 빼고는 남성과 여성의 몸이 크게 다르지 않다.

　　그런데 원하는 것은 좀 다르다. 여성 고객들은 하체, 뱃살, 팔뚝살 등 전신의 살을 빼고 싶어 하지만 남성 고객들은 대부분 복부비만을 해결하기 위해 온다. 특히 직장인들은 직장 건강검진

결과가 나올 때쯤 충격을 받고 오는 경우들이 많다. 그리고 그런 남성 고객들 역시 이미 다른 다이어트를 여러 번 시도해보고 실패한 경험이 있다. 여성들과 마찬가지로 주로 한약이나 지방흡수를 저해하는 약 종류를 먹어본 경험이 많았다.

남성 고객들은 눈에 보이는 숫자와 데이터를 굉장히 좋아한다. 원리, 근거, 수치, 데이터를 가지고 설명하면 이해도도 높고 실행력도 높다. 남자들은 기본적으로 근육량이 여자보다 많고, 그래서 대사량이 여자보다 크다. 그러다 보니 남성 고객들의 만족도와 감량결과가 여성 고객에 비해 월등히 높다. 여성 고객들이 위로와 동기부여 같은 감성적인 면을 중시한다면 남성 고객들은 수치와 데이터에 더 민감하다고 볼 수 있다. 그래서 그런지 감량결과가 좋은 모범생 고객은 남성 고객이 훨씬 많다.

실제로 만족도 조사를 할 때 어떤 점이 가장 좋은지 물으면 남성 고객들은 첫째 원리를 설명해주는 것, 둘째 그 결과를 데이터로 보여주는 것이라고 콕 집어 언급한다. 반면 여성 고객들은 항상 케어해주고, 걱정해주고, 동기부여를 해주는 컨설턴트를 첫 번째로 꼽는다. 이렇게 요구도 다르고 접근도 다르다. 그래서 남성 고객들은 좀 더 데이터 중심으로 컨설팅을 진행한다.

남성 고객을 유입시킨 통계분석의 힘

남성 고객들은 보통 체중 100kg에서 시작하는 경우가 많기 때문에 고혈압, 당뇨 같은 웬만한 성인병은 이미 가지고 있거나 위험군이다. 건강검진 결과 평생 약을 먹으며 살아야 한다는 소견을 듣고 덜컥 겁이 나서 등록하는 경우도 많다. 그래서 식습관도, 기계 관리도 복부지방 위주로 프로그램을 한다. 건강관리 측면으로 접근하다 보니 프로그램과 컨설턴트의 지침을 굉장히 잘 따라준다.

그리고 남성 고객들은 운동 프로그램이나 앳홈 서비스도 많이 이용한다. 체중이 너무 많이 나가기 때문에 사실 운동을 무리하게 할 수가 없다. 그래서 우리는 감량결과에 따라 운동량도 세밀하게 조정하면서 혼자서도 관리할 수 있도록 안내한다. 시스템이 고객의 근육량, 체지방량, 키, 체중, 나이 대비 적정체중을 자동으로 안내하기 때문에, 적정체중에 도달할 때까지 재등록하는 비율도 높은 편이다. 경우에 따라 다르지만, 빠르게는 2~3개월 만에 적정체중이 되는 고객도 있고, 30kg 정도 감량해야 하는 고객은 6개월까지도 한다.

적정체중에 도달한 이후에도 한 달에 한 번 관리를 받으면서 식습관, 생활습관을 컨설팅받는다. 그것이 요요방지 프로그램이다. 우리가 실시하는 이벤트나 기부행사에 참여하는 고객에게

요요방지 프로그램 이용권을 드린다. 일종의 서비스로 적정체중을 계속 잘 유지하면 고객은 건강해져서 좋고, 우리는 브랜드에 대한 호감도를 유지시킬 수 있어서 좋다.

이 모든 전략과 세세한 관리는 다이어트 영업 부문을 맡은 이서진 대표가 도맡아 진행했다. 이서진 대표는 모든 대화가 근거에서 시작해서 근거로 끝난다. 그 모든 근거들은 통계와 데이터로 검증된 것들이다. 남성 고객에 대한 접근도 같은 방식이었다. 남성 고객에게 더 많이 알리기 위해 남성 연예인을 모델로 기용했는데, 처음에는 앞에서 소개한 가수 노유민 님을 비롯해 미남 배우 김재원 님도 모델로 활동했다. 그런데 이서진 대표는 실제 남성 고객들의 연령을 분석하고 주요 고객의 나이에 맞게 광고모델도 연령을 높여야 한다고 제안했다.

이후 작곡가 김형석 님과 방송인 서경석 님을 섭외해 모델의 나이를 올리자 해당 연령층 남성 고객 수가 확연히 달라졌다. 그 결과 처음에는 0.2%였던 남성 고객 비율이 20% 이상 올라갔고, 남성 고객에게 인지도도 조금 더 좋아졌다. 고객의 연령대가 40대로 올라가자 객단가도 올라갔다.

앞에서 소개한 라디오 광고 실패 사례처럼, 남성 고객에게 인지도를 높이기는 정말 쉽지 않았다. 여성들은 운동을 해도 안 빠지고 약을 먹어도 안 빠지는 다이어트 실패경험이 많지만, 남성들은 배가 나온 것에 대한 거부감이 거의 없고, 운동하면 빠진다는 생각 때문에 굳이 전문가의 도움까지 받아가며 감량을 한다는 생각 자체가 별로 없었다. 그런 인식을 변화시키기가 처음에는 좀 힘들었다. 하지만 놀라울 정도로 달라진 남성 모델의 비포 & 애프터 이미지를 자주 노출하자 느리지만 분명한 효과가 나타났다. 이것 역시 숫자와 통계에 집착한(?) 덕분에 성공한 케이스다.

보험은 직원과 고객을 지키는 안전장치

✧   쥬비스는 매장에서 직원과 고객에게 일어날 수 있는 모든 위험에 대비해 보험을 들어놓았다. 보험은 직원과 고객을 보호하는 안전장치다. 보험에 가입하지 않고 고객불만을 해결하려다 보면, 시간이 지날수록 요구사항이 늘어나기 때문에 해결이 더 어려워지고 일이 점점 커진다. 그래서 초기대응부터 무조건 보험사로 연결해 해결한다.

가끔 고객이 관리 중에 불편함을 느꼈다고 항의하는 경우가 있다. 예를 들어 기계 관리를 받을 때 화상을 입는다거나 다치는 경우다. 사람이 하는 일이기 때문에 실수가 있을 수 있고, 당연히 고객불만도 생긴다. 그때 우리는 무조건 보험으로 연결한다. 이런 일을 처음 접하는 고객은 회사가 왜 문제를 보험사에 떠넘기느냐며 화를 내거나 불쾌해하기도 한다.

"왜 문제는 너희가 일으켜놓고, 너희는 쏙 빠지고 보험사랑 이야기하래?"

진정한 사과를 하지 않는 느낌을 받으시기도 해서다. 그때마다 우리는 자동차 사고를 예로 들어 설명해드린다. 접촉사고가 났을 때 보험사를 통해서 문제를 해결해본 경험이 있을 것이다. 그것과 비슷한 프로세스라고 안내해드리면 고객들은 쉽게 이해한다. 그리고 오히려 우리가 보험사의 혜택을 빠짐없이 받으시라고 안내한다.

"고객님, 저희가 보험사에 접수했습니다. 저희도 고객님도 원치 않은 일이 일어나 너무 죄송스럽지만, 저희가 할 수 있는 최선의 방법은 보험을 통해 고객님께서 최대한의 보상을 받으시도록 돕는 것입니다. 보험사에서 뭘 해드리냐면요, 진료비, 치료비는 물론이고 고객님께서 치료받으시느라 일을 못 하신 비용, 병원 주차비, 흉터 치료비까지 다 부담해드립니다. 그런데 보험회사는 빨리 합의하고 싶어 할 거예요. 그래야 보상비용이 적어지니까요. 그러니까 보험사랑 곧바로 합의하지 마시고, 흉터가 없어질 때까지 꼭 치료받으세요. 1~2년 걸려도 충분히, 끝까지 치료받으시고 다 나았다고 판단하실 때 합의하세요. 그렇게 해드리려고 저희가 보험사를 연결해드리는 것입니다."

당연히 사과가 먼저다. 그리고 이후의 해결과 보상방법을 자세히 안내하고 설득하면 고객은 오히려 고마워한다. 끝까지 책임지겠다는 마음이 전달되기 때문이다. 얼굴도 모르는 담당자가 퉁명스러운 말투로 "보험 접수됐고요, 보험사에서 연락할 겁니다."라고 통보하는 것은 하늘과 땅 차이다. 그래서 우리는 고객에게 '이걸 왜 하는지, 누구를 위한 건지, 이것을 통해서 고객이 무슨 이득을 얻는지'를 고객에게 충분히 설명하도록 교육한다.

잘못된 보도 하나가 회사 전체를 집어삼킨다

많은 경영자가 성장전략, 올해 매출목표 등을 물어보면 자신 있게 대답한다. 하지만 방어전략은 어떤 것이 있는지, 프로세스는 어떻게 갖추어져 있는지를 물으면 쉽게 대답하지 못한다. 리스크를 예방하고 문제가 생겼을 때 잘 방어하려면, 시스템과 프로세스, 계약서부터 다시 정비하고 미비한 것이 있다면 지금부터라도 잘 갖춰두어야 한다.

언론 대응과 관련해서도 철저한 준비가 필요하다. 요즘은 사실 여부를 떠나 잘못된 보도 하나가 회사 전체를 집어삼키기도 한다. 우리도 그런 일이 있었다. 사실 300억대를 넘어 600억대 회사가 될 때까지, 브랜드를 잘 지키고 불미스러운 일로 언론에 노출되지 않겠다는 각오가 잘 지켜지고 있었다.

그러던 어느 날 지점 CCTV 문제가 뉴스에 보도됐다. 고객이 관리를 받는 곳에 CCTV가 있는데, 그것으로 고객의 벗은 몸을 찍었다는 내용이었다. 온라인 뉴스부터 종편 뉴스 채널까지 "국내 1위 다이어트 회사 CCTV로 고객의 몸 찍다." 이런 자극적인 헤드라인으로 도배가 되었었다.

그 일 때문에 2018년에 또(!) 검찰 조사를 받았다. 하지만 이번에는 철저히 대비해둔 덕에 쉽게 끝날 수 있었다. 미리 법무법인의 도움을 받아 모든 고객에게 CCTV와 관련된 내용을 확인했다는 사인을 다 받아두었던 것이다. 고객이 등록할 때 CCTV에 관련해서만 총 3번의 사인을 받았다. 물론 상담할 때 설명도 자세히 해드렸다.

"고객님, 상담실과 인포메이션, ○○, ○○에 CCTV가 있습니다. 여기 확인해주시고요, 이 부분은 다 녹취가 됩니다. 이해하셨습니까? 그러면 여기에 사인 부탁드립니다." 그러고 나서 상담을 마칠 때쯤 "고객님, 아까 CCTV에 대해서 설명 들으셨죠? 들으셨다는 확인란에 사인해주세요." 그리고 마지막에 전자사인을 할 때 "CCTV에 관한 고지를 두 번 다 읽으셨습니까? 읽으셨으면 여기에 한 번 더 사인 부탁드립니다." 이런 식으로 CCTV와 관련해서만 총 3번의 사인을 받아놓았다. 앞에서 설명했듯이 이러한 절차가 단 1단계라도 빠지면 시스템에 관리고객으로 등록이 안 된다.

그래서 우리는 검찰에 계약서 원본 1만 장을 제출했다. 당시 관리고객이 1만 명이니 1명도 빠짐없이 고객이 사인한 곳에 빨간색 네모를 그려서 정말 1만 장을 제출했다. 당연히 무혐의로 끝났다. 만일 미리 이 부분을 대비하지 않았다면 어떻게 되었을까? 생각만 해도 아찔하다.

사전에 법무법인과 협의해서 최대한 완벽하게 대비를 했고, 그것이 잘못된 언론 보도 이후에도 아무런 타격 없이 회사가 성장할 수 있었던 비결이 되었다. 감사하게도 그 사건으로 고객이 탈은 거의 없었다(환불요청 고객이 딱 한 분 있었다).

만약 CCTV를 설치할 때부터 법무법인과 함께 법적인 문제가 생기지 않도록 예방책을 만들어두지 않았다면 어떻게 되었을까? 그냥 '남들도 다 하는데, 뭘' 하면서 '무슨 문제 있겠어?' 했다면? 아마 상상하기도 힘든 일이 벌어졌을 것이다. 어쩌면 브랜드가 회생 불가능한 치명적인 손상을 입었을 수도 있다.

4

스케일업을 위한 전략적 로드맵

"쥬비스의 시계는 너무 빨리 돌아간다."

✦   100억 대에서 한 단계 더 올라가기 위해서 나는 '일 잘하는 기준'을 바꿨다. 100억 대까지는 '매출'이 일 잘하는 기준이었다. 물론 매출은 중요하다. 하지만 회사가 커지면 그 매출을 만들어내고 유지하기 위한 '구조'를 만드는 것이 중요하다. 그러면 직원들도 일 잘하는 기준이 바뀌어야 한다. 매출이 아닌 구조를 잘 만드는 것으로 말이다. 그렇게 바꾸고 나서 100억 원대를 탈출했다.

그런데 그 과정에서 직원들이 많이 이탈했다. 예전에는 직원이 한 달에 매출 5,000만 원 혹은 1억 원만 올리면 후하게 인센티브를 주었다. 그런데 어느 순간 매출을 그보다 더 잘했는데, 회사가 직원들에게 매출만 잘하지 말고 상담도 잘하고, 감량결과도 높이고, 고객만족도도 높이라는 것이다. 직원 입장에서는 해야 할 일이 너무 많아졌고 평가도 너무 디테일해졌다. 그러다 보니까 '회사가 너무 압박한다'는 생각이 들 수밖에 없고, 거기에 적응하지 못한 직원들이 빠져나갔다. 경영목표도 달라지고 경영방침도 달라졌으니 직원들도 변화를 받아들여야 했지만, 같은 방식으로 오래 일해온 직원들은 그러한 변화가 달갑지 않았을 것이다.

직원들이 그렇게까지 받아들이기 어려워할 거라고는 예상하지 못했다. '아직 시기상조인가?', '내가 생각한 방법이 틀렸나?', '이러다 직원들이 다 나가면 어쩌지?' 하는 두려운 마음이 들었다. 당시 멘토였던 전옥표 대표 사무실에 찾아가서 울고불고 하면서 속을 털어놓았다.

"대표님, 우리 회사는 아직 준비가 안 된 것 같아요. 그런데도 제가 이걸 끝까지 고집부리며 밀어붙이는 게 맞는지 모르겠습니다. 직원들은 계속 불평불만이고, 저한테 '회장님 변했다', '우리 다 나가라는 거냐' 하면서 별의별 이야기가 다 나오고 있습니다. 이런 상황을 견디기가 너무 힘들고요."

눈물, 콧물 닦느라 티슈 한 통을 다 썼다. 나중에 알게 된 사실인데, 내가 그날 뻔뻔하게 코 푼 휴지를 테이블 위에 한가득 두고 나왔더니 전옥표 대표가 수북이 쌓인 티슈를 사진 찍어 페이스북에 올려놓았다.

어쨌거나 마음속의 불안과 걱정, 그리고 내가 받은 상처와 좌절감까지 모두 털어놓고 난 후에야 나는 회사를 성과 중심의 조직으로 혁신할 수 있었다. 먼저 성과표를 만들고 일 잘하는 기준을 성과항목으로 만들었다. 그리고 직원들에게 성과표를 적용시켰다. 이전에는 매출이 우선이고 그다음에 성과표가 있었다면, 이제는 성과지표 안에 매출이 포함되면서 일 잘하는 기준을 최대한 디테일하게 만들었다. 회사가 나아가야 할 방향이 성과지표에 포함되어 있어야, 전 직원이 한마음으로, 한 방향으로 노를 저을 것 아닌가? 이것에 관해서는 이런 말로 설득했다.

"이제부터 우리는 매출뿐만 아니라 다른 것들도 잘해야 합니다. 우리가 조그마한 회사에서 머무를 것이 아니라 더 큰 회사가 되려면 더 이상 예전처럼 주먹구구식으로 일해서는 안 됩니다. 이 성과표에 나온 것들을 다 잘해야만 회사가 더 커질 수 있고 브랜드도 더 키울 수 있고, 여러분도 더 성장할 수 있습니다."

시키니까 하긴 했지만, 구성원들의 반발이 너무 심했다. 직원들은 '회사가 너무 한다', '잘하고 있는데 왜 그러냐' 하면서 '못 참겠다', '퇴사한다' 등등 난리가 났다. 여태껏 너무 잘해왔고, 여전히 잘되고 있었고, 이제 적응해서 매출 올리는 방법도 알겠는데, 왜 잘나가고 있던 회사가 갑자기 방향을 트는 것이냐며 반발하는 것이었다.

나는《에너지 버스》에 나오는 이야기를 다시 떠올렸다. 버스에서 내려줄 사람은 내려주고, 내린다고 할 때 고마워하며 헤어지라고. 그리고 새롭게 탈 사람을 새로 태우라고. 그렇게 내가 가고자 하는 방향으로 밀고 나가라는 말이 생각났다.

'오너의 생각을 알 수 없게 하라'

내가 울며불며 하소연했을 때 전 대표는 옳은 방향이니 계속 밀고 나가도 된다고 용기를 주었고 덧붙여 내게 2가지를 주문했다. 첫째 운전기사를 쓰지 말 것, 둘째 오너가 무슨 생각을 하는지 직원들은 절대 알 수 없게 할 것. 오너가 무슨 생각을 하는지 알 수 없게 하라는 데는 여러 의미가 내포되어 있었다. 나는 그 말을 듣고 머릿속에 전구가 탁 켜지는 느낌이 들었다.

그 말은 직원들이 '우리 대표님은 언제 저런 생각을 하셨지?' 하는 생각이 들게 하라는 뜻이다. 그리고 준비되지 않고, 조직이 설득되지 않고, 분위기가 무르익지 않았는데 툭 던지는 말을 해서는 안 된다. 미리 분위기를 만들어놓고 그다음에 계획이나 목표를 제시하면 그다지 거부감이 없다. 혹여 반발심이 있더라도 비교적 적다. 하지만 아무 준비 없이 어느 날 갑자기 "나 이거 할 거야."라고 선포하는 것은 안 된다. 다만 오너가 "우리 이런 거 해볼까?"라고 했을 때 '우리 대표님은 대체 언제부터 저 생각을 하셨지? 설마 그때 그 말씀이 이 얘기였나? 그때부터 생각하신 건가?'

이렇게 곰곰이 생각하도록 만들라는 말이다.

그래서 오너가 무슨 생각을 하는지 절대 알게 하지 말고, 어느 정도 분위기를 미리 만들어놓은 다음에 선포하라는 말이었다. 아무런 준비도 안 되어 있는데 툭 던지듯 명령조로 이야기하면 직원들은 절대 따라오지 않는다. 진지하게 받아들이지도 않는다. 뭔가 혁신하고자 하는 계획이나 목표를 선포할 때는 준비가 잘되어 있어야 하고, 직원들이 받아들일 시간도 필요하다.

사실 나도 내 마음을 숨겼던 경험이 이미 있었다. 2009년도에 세무조사를 겪으면서 한 직원이 나에게 이런 말을 했다.

"제가 회사를 떠나지 않고 남아 있었던 이유는 딱 하나였습니다. 국세청에서 압수수색을 하러 왔는데도 회장님이 아무렇지도 않게, 마치 아무 일도 없는 것처럼 대응했기 때문입니다."

실제로 압수수색 끝나고 지점 책임자들을 다 불러서 이렇게 이야기했다.

"이건 내가 해결할 거고 여러분은 업무에, 매출에 집중해주세요. 잘못했으면 세금 내면 되고, 잡혀갈 일 아니니까 무서워하지 마세요. 이건 세무서랑 내가 해결할 테니까, 여러분은 걱정할 것 없어요."

불안해하는 직원들을 다독이는 것, 나부터 괜찮은 모습을 보이는 것, 나로서는 그것밖에 할 수 없었다. 내 불안, 걱정까지 직원들에게 얹어줄 수는 없지 않은가? 그 직원은 그 후로 10년 가까이 일하면서 퇴사할 때까지 그 이야기를 자주 했다. 그가 퇴사할 때 나는 이렇게 말했다.

"어떻게 내가 아무렇지 않았겠어요. 매일매일 회사가 망할 것 같아서 너무 불안하고 두려웠지. 다음 달에 월급 못 주면 어떻게 하지? 고객들한테 무슨 일이 생기면 어떡하지? 매 순간 두려운데 티를 못 냈을 뿐이에요."

어쩌면 100억대 회사가 됐을 때 구조를 완전히 갈아엎었던 덕분에 쥬비스는 계속 성장할 수 있었던 것 같다. 일부 직원들의 이탈도 있었지만 어쨌든 규모에 맞게 새로운 인재를 다시 세팅했고, 처음에는 받아들이기 힘들어했던 직원들도 노력하고 맞춰가면서 회사와 함께 성장해갔다. 그때 쥬비스에게 선택지는 성장밖에 없었다. 나 역시 속도를 높여 올라가는 데 집중했다. 직원들도 "쥬비스의 시계는 너무 빨리 돌아간다."며 정말 많은 노력을 해주었다.

방어전략이 준비되어 있는가?

✧ 더 큰 규모가 될 때는 또 다른 것이 필요하다. 300억대에 올라서면서 내가 가장 중요하게 생각했던 것은 리스크 매니지먼트였다. 300억대 매출로 올라가면 웬만한 사람들은 다 아는 회사가 된다. 특히 우리 회사는 B2B도 아니고 고객과 직접 만나는 B2C 회사다. '웬만한 사람들은 다 아는' 회사가 된다는 것은 정말 기쁘고 감격스럽지만, 한편으로 걱정도 그만큼 커진다. 상상도 못 할 만큼의 어마어마한 시기, 질투, 공격이 들어오기 때문이다. 그런 것을 제대로 방어하지 못해 회사가 한 번에 망하는 일을 너무 많이 봐왔다.

2014년경 연예인 마케팅을 시작하고 가수 노유민 님 광고 때문에 소위 난리가 났다. 300억대 규모가 되었을 즈음이다. 그때부터 나는 무언가 새롭고 특별한 것을 더 하기보다는 위험이 될 만한 요소를 모두 찾아내 차근차근 없애는 데 집중해야겠다고 결심했다.

사람들은 더 잘하기 위해서 뭔가를 자꾸 더한다. 100억대에서 그 위로 올라가려면 그래야 한다. 100억대에서 200억, 300억대로 점프한 비결을 딱 한 마디로 정의하면 '디테일'이다. 고객관리, 직원관리, 시스템 등 모든 분야에서 디테일에 집중했다. 하지만 300억대를 넘어선 비결을 하나의 키워드로 정의하라면 '마이너스'다. 당시 나는 직원들에게 이렇게 말했다.

"뭐든지 빼야 합니다. 필요 없는 것, 쓸데없는 것은 다 빼고 생산성과 효율성을 늘려서 1인당 성과를 올려야 합니다. 브랜드가 망하는 것은 한순간이에요. 어쩌면 일이 터지고 나서 그것을 막는 것은 우리 능력 밖의 일입니다. 그렇다면 지금 우리가 해야 할 일은, 우리 브랜드가 한 번에 망가질 만한 모든 위험을 없애고 예방하는 것뿐입니다. 리스크가 될 만한 것이 무엇인지 찾고, 미리 사고가 터지지 않도록 대비책을 세워야 합니다."

그때 우리는 1인당 매출이 높여 고효율의 조직으로 만들기 위해 AI를 도입하겠다고 선포했다. 그때 직원들은 '매출을 2배로 하라고요?' 하며 깜짝 놀랐다. 반면 회사는 AI를 도입해서 1인 당 생산성을 올려주겠다고, 업무량을 줄일 수 있도록 서포트하겠다고 제안했다(이 이야기는 5부에서 자세히 하겠다).

회사를 성장시키면서 지키는 것, 어떤 리스크에도 '흔들릴지언정 부러지지는 않는' 시스템을 만드는 것이 가장 중요했다. 그 전까지 내부 시스템을 디테일하게 완성했다면, 외부적으로는 브랜드를 키워야 했다. 이전에는 회사가 성장해야 브랜드도 성장한다고 생각했는데, 이제 브랜드를 키우기 위해서는 먼저 회사의 방어 시스템을 잘 구축해두어야 한다는 쪽으로 생각을 바꿨다. 우리 회사를 망하게 하려는 사람들이 너무 많아졌고, 그들이 실제로 눈앞에 자주 나타났기 때문이다. 브랜드를 지키는 방법은 무엇일까?

직원들은 AI를 도입하면 자신들의 업무가 없어질 것이라고 생각했다. 일종의 공포감 같은 것이다. 새로운 변화, 혁신은 누구도 결과를 알 수 없다. 성공할지 실패할지 나도 몰랐다. 하지만 걱정하고 불안해하느라 아무것도 시도하지 않는다면, 정말 아무 일도 일어나지 않는다. 멈춰 있는 회사는 퇴보하는 회사다.

사람들은 나에게 '걱정 같은 건 전혀 안 하는 스타일인가?' 하고 묻는다. 그럴 리가! 나도 사람인데 왜 걱정이 없고, 불안하지 않겠는가? 하지만 나는 이미 '걱정'하는 데 질려버렸다. 어쩌다가

'걱정'에 질려버렸을까? 일어나지도 않을 일을 미리 걱정하느라 퇴사하는 직원들을 많이 만난 덕분(?)이다.

살다 보면 건강이 조금 안 좋아질 수 있다. 병원 가고 운동해서 좋게 만들면 된다. 컨디션이 떨어질 수도 있다. 나이도 젊은데 주말에 잘 쉬면 금방 괜찮아진다. 부모님이 편찮으실 수도 있다. 연세가 있으시니까 이상한 일도 아니다. 그걸 꼭 자식이 회사까지 때려치우고 돌봐드리는 게 최선일까? 요양보호사도 있고 간병인도 있다. 돈을 열심히 벌어서 전문가의 도움을 받으면 해결할 수 있는 문제다. 그런 대안은 찾아볼 생각도 하지 않고, 무슨 일만 생기면 내일 세상이 끝날 것 같은 얼굴로 "대표님, 드릴 말씀이 있는데요…" 하고 퇴사하겠다며 찾아오는 직원들한테 이런 말을 했다.

"자네 인생은 어떻게 모든 일이 모 아니면 도뿐인가? 일하거나 아니면 그만두거나, 선택지가 정말 둘밖에 없는 걸까? 왜 인생에 중간도 없고 조율도 없을까?"

그래서 "그놈의 걱정"이 나의 입버릇이었다. "그놈의 걱정, 그놈의 걱정…, 걱정할 시간에 방법을 하나라도 더 찾겠다. 아님, 뭐라도 일단 시작해보든지."라는 말을 입에 달고 살았다. 어쩌면 내가 걱정을 오래 붙잡고 있지 못하고 대신 최대한 빨리 대안을 찾는 것도 걱정 많은 직원들한테 질려서인지도 모르겠다.

1,000억 원대 회사를 미리 준비하다

매출 600억대로 넘어가면서 내 앞에 아주 큰 고민이 놓였다. 쥬비스 다이어트 하나로는 부족하다는 것이다. 파이프라인을 여럿 갖추고 매출을 다양화해야 한다. 예를 들어 카카오에 카카오톡만 있었다면 매출이 여전히 마이너스였을 것이다. 하지만 거기에 뱅크, 페이, 선물하기, 쇼핑 등 파이프라인이 하나씩 늘어나면서 스케일업이 가능했다.

여러분의 회사는 매출을 일으키는 파이프라인이 몇 개인가? 어느 정도 규모가 된 후에는 파이프라인이 딱 하나여서는 안 된다. 복수의 파이프라인을 미리 준비하지 않으면 매출도, 성장도 정체된다. 우리 회사가 앞으로 어떻게 성장할지, 다른 파이프라인들은 어떻게 세팅하고 미리 투자해 키워낼지, 또 여러 파이프라인이 어떻게 하면 서로 시너지를 낼지, 전체적인 구상을 해야 한다. 그래야 다음 단계 회사로 도약할 수 있다.

쥬비스 다이어트 하나만으로는 1,000억 원대 회사를 만들 수 없다. 지금은 쥬비스가 마켓을 장악하고 있다고 해도, 영원하리라는 보장이 없으니 말이다. 그렇다면 다른 매출을 만들어내는 파이프라인을 어떻게 구상하고 준비해야 할까?

우리는 푸드 사업, 어플리케이션, 앳홈 서비스를 구상했다. 가장 먼저 시작한 푸드 사업은 2011년부터 했으니 꽤 오래 키워온 셈이다. 10년 정도 꾸준히 연구하고 투자한 결과 지금은 푸드 사업이 전체 매출의 30%를 차지하고 있다. 돌아보면 처음 5~6년은 연구개발과 기초를 다지는 데 집중했고, 매출은 그 후부터 서서히 올라갔다. 그 결과 매출 규모 100억대까지 크는 데 8~9년이 걸렸고, 2021년에는 200억까지 올라왔다. 사실 푸드 사업도 정말 쉬운 게 하나도 없었다. 식품안전관리인증기준인 해썹(HACCP) 인증을 받는 데만 1년이 넘게 걸릴 정도다. 현미밥바, 하이프로틴, 샐러드를 그대로 등을 주력상품으로 온라인 오픈마켓, 홈쇼핑까지 판매채널을 다양화한 결과 안정적으로 사업을 유지하고 있다.

또 다른 파이프라인이 AI를 탑재한 다이어트 어플리케이션으로 개발 막바지 단계다. 그리고 쥬비스 앳홈 서비스는 찾아가는 방문 관리 서비스로 코로나19로 인해 집콕 생활이 길어지면서 유입 고객이 엄청나게 증가했다. 파이프라인을 구상하면서 이 4가지 사업이 서로 시너지를 내고 AI 쪽을 선점해 브랜드가치를 높인다면, 나중에 IT 회사로 매각할 수도 있겠다는 계산도 없지 않았다.

1,000억대 회사가 되려면 여러 가지 매출 구조가 필요하다. 여러 방면에서 매출을 일으킬 파이프라인은 각 부문 대표들이 머리를 모아 함께 구상하고 구체화했다. 시작은 내가 했지만 푸드

사업을 잘 키워낸 것은 조윤경 총괄대표였다. 조윤경 대표의 추진력은 오너인 나보다 빠르고 강력했다. 처음부터 생산성과 효율성에 집중적으로 끌어올려서 절대 마이너스가 나지 않는 사업구조를 만들었다. 어떤 신사업이든 마이너스는 안 되고, 계속 성장해야 한다는 게 조 대표가 생각하는 핵심이었다.

실제로 조윤경 대표가 푸드 사업(유통 부문)을 맡고 나서 다이어트 서비스 부문이 연 15%씩 성장할 때, 유통은 전년 대비 매출이 정확히 70%씩 성장했다. 매출만 성장한 것이 아니라 이익률도 계속 높아졌다. 예를 들어 홈쇼핑에 들어가면 매출이 급격하게 커지지만, 메이저 홈쇼핑의 경우 수수료가 높아 이익률이 떨어진다. 보통은 손해를 감수하더라도 홈쇼핑에 들어가야 한다고 생각하지만, 조 대표는 메이저 홈쇼핑 채널이 아닌 NS홈쇼핑이나 홈앤쇼핑처럼 중소기업에 낮은 수수료율을 적용해주는 쪽을 선택했다. 물론 쥬비스 다이어트라는 브랜드가 이미 있었기 때문에 가능한 일일 수도 있지만, 어떤 선택을 하든 조 대표는 매출과 이익을 함께 생각했다. 그러한 이익 중심의 리더십이 유통 부문을 매년 50~70%씩 성장으로 이끌었던 것이다.

조윤경 총괄대표가 가장 싫어하는 말이 "어쩔 수 없다."이다. 그리고 이것은 쥬비스 조직 전체가 가장 싫어하는 말이기도 하다. '신규사업은 마이너스를 감수해야 해, 어쩔 수 없어'라든가 '사업 초기에는 마이너스가 나도 투자를 계속해야 해, 어쩔 수 없어' 이런 말을 용납하지 않았다. 어쩔 수 없다니, 그래서 뭘 어쩌자는 것인가? 마이너스를 감수해야 하는 부분과 당장 플러스가 나는 부분을 동시에 실행해서 전체적으로 플러스가 나도록 방향을 잡는 게 쥬비스의 신사업 스타일이다. 어쩔 수 없으면 어쩔 수 있는 방법을 찾는 게 리더가 할 일이고, 그것이 쥬비스가 1,000억대 회사로 도약하기 위한 기본 마인드였다.

미래 먹거리,
파이프라인을 준비하다

✧　푸드 사업을 진지하게 고민한 것은 광역수사대가 압수수색을 할 때 기계, 서류 등을 모두 가져갔을 때였다. 이렇게 모든 것을 다 빼앗기고도 우리가 살아남는 방법은 무엇일까? 기계가 없어도 고객의 감량을 도울 방법은 무엇일까? 지점 책임자들과 대책회의를 하면서 나온 아이디어가 푸드 사업이었다.

　먼저 우리만의 원칙이 하나 있었다. '쉐이크 형태는 절대 안 된다. 밥을 굶게 만드는 건 안 된다.' 고객의 몸에 허튼짓하지 않고 어떻게 다이어트 식품을 만들어낼까? 긴 고민 끝에 만든 것이 현미밥 기반의 간편 푸드 '현미밥바'였다. 여기에 소금, 설탕,

MSG를 넣지 않고 맛을 내기 위해 소금 대신 해초가루, 설탕 대신 꿀…, 이런 식으로 천연조미료를 넣는 등 다양한 연구를 했다. 그렇게 천연 식자재로 간편 푸드를 만들었고, 이것을 우리 고객에게 제공하는 것으로 기반을 잡았다. 푸드 사업을 하기 위해서는 공장이 필요해 작은 공장도 설립했다. 그 공장에서 푸드 외에도 도시락 같은 다양한 시도들을 했다.

푸드 사업은 시작하자마자 수익이 났다. 주문량이 너무 많아서 공장을 24시간 3교대로 풀가동해야 할 정도였다. 우리에게는 이미 관리고객이라는 훌륭한 자원이 있었기 때문이다. 푸드 제품을 우리 고객에게 가장 먼저 소개했고, 실제로 감량에 도움이 되었다는 후기가 많아지자 다른 고객들도 '한번 먹어볼까' 하게 된 것이다. 그렇게 입소문이 나고 효과를 거두면서 매출이 빠르게 늘었다. 그러면서 이익율도 점점 높아졌다.

우리 고객은 무엇을 먹고 싶어 할까? 다이어트식이라고 하면 닭가슴살 가공식품 일색인데, 우리는 우리 고객이 원하는 것에 초점을 맞추어 기존 다이어트식과 차별화할 수 있었다. 그중하나가 100% 현미로만 만든 빵이다.

고객들이 다이어트를 할 때 제일 먹고 싶다고 말하는 것이 빵이다. 그런데 현미는 글루텐이 없기 때문에 빵이 안 된다. 그래서 개발팀 팀장이 내로라하는 교수들도 찾아가고, 외국 레시피도 찾아보며 연구했다. 하지만 모두들 현미로는 떡은 되지만 빵은 안 된다며 고개를 저었다. 그러다 개발팀에서 현미를 빵처럼 부풀릴 방법을 개발했다. 계란 흰자로 머랭을 만들어서 현미가루와 섞어 빵을 만드는 것이다. 그 빵은 조현호 개발팀장 이름으로 특허도 냈다.

고객들이 그렇게 먹고 싶다고 했던 빵을 내놓자, 폭발적인 반응이 이어졌고 덕분에 푸드 매출이 크게 올랐다. 사실 우리가 항상 타깃으로 삼은 소비자는 지점 고객이었는데 이때부터 유통 채널을 넓히기 시작했다. 쥬비스 관리고객이 아니어도 푸드를 구입할 수 있도록 온라인 마켓에도 진출했다.

'고객이 가장 불편한 것은 무엇일까?'

그다음으로 고민한 것은 '고객이 가장 불편한 것은 무엇일까?'였다. 다이어트 기간 동안 고객이 가장 불편하게 느끼는 것은 현미밥과 채소다. 그래서 간편 푸드로 현미밥바도 개발했다. 그렇다면 채소는 어떻게 접근할 것인가? 우리는 고객한테 생채소를 반드시 드시게 하는데 이것을 챙겨 먹기가 여간 불편하지 않다. 출근할 때 챙겨가기도 번거롭고, 여행이나 외식 때는 더더욱 가져가기 어렵다. 한여름에는 빨리 시들어버리고, 지퍼백에 담아도 물이 새어 나올 수 있다.

"채소를 꼭 이런 식으로 먹어야 할까? 맛이 없어도 좋으니 영양소를 그대로 유지한 가루나 큐브 같은 형태는 없을까?"

그냥 말려서 가루로 만들면 영양소가 파괴되지만 동결건조 방식은 영양소가 98% 이상 살아 있다. 게다가 소화에 도움을 주려면 아주 미세한 가루로 만들어야 하는데 이 공정이 여간 까다로운 게 아니었다. 이런 까다로운 공정 때문에 원가는 많이 올라가지만, 그래도 제품화해보자고 해서 탄생한 것이 바로 '샐러드를 그대로'다. 브랜드는 '쥬비스 다이어트'를 그대로 써서 '쥬비스가 만든 샐러드를 그대로'라는 이름이 되었다. 우리 고객들이 실제로 먹고 임상시험에 참가했는데, 정말 내장지방이 줄어들면서 살이 빠졌다. 생채소를 먹은 것과 효과가 똑같았다.

예를 들어 생채소 5장(주로 상추, 깻잎 같은 쌈채소)을 먹은 효과를 보려면 '샐러드를 그대로'는 2봉 정도를 먹으면 됐다. 생각해보면 우리가 평소에 먹는 생채소가 사실 상추, 깻잎 정도다. 그런데 우리 제품은 당근, 양파, 셀러리, 레몬, 양배추, 케일 등 다양한 유기농 채소가 들어 있으니 훨씬 더 다양한 영양소를 섭취할 수 있다.

'샐러드를 그대로'는 출시하자마자 말 그대로 대박이 났고, 유통 매출의 30%를 차지하는 히트상품이 되었다. 유통 부문을 맡은 조윤경 총괄대표는 이 제품의 기획부터 출시까지 정말 어려운 과정을 끝까지, 집요하게 해내어 성공시켰다.

현미와 채소를 먹었다면, 이제 고객들에게 단백질은 어떻게 먹일까를 고민했다. 그 결과로 서울대 밥스누와 함께 '하이프로틴' 만들었다. '하이프로틴'은 100% 약콩으로 만든 식물성고단백 음료로, 설탕 없이 콩만 가득 들어 있다. 1봉 마시면 콩 80알을 먹는 것과 같다. '하이프로틴'이나 '샐러드를 그대로'는 나도 너무 좋아하고, 우리 아들도 좋아하는 말 그대로 우리 가족이 먹는 음식이다. 그런데 이게 막 달고 짜고 맛있지는 않다. '아무 맛도 안 난다'고 불평하는 고객도 있다. 하지만 먹다 보면 몸에 좋다는 것을 고객들은 확실히 안다. 심지어 해외여행을 갈 때도 '샐러드를 그대로'를 들고 다니면서 약처럼 먹는다는 고객도 많다.

한번은 쥬비스 고객이기도 한 지인이 진지하게 물었다.

"조 회장은 감량 얘기할 때는 엄청 자신감이 넘치는데, 푸드 얘기할 때는 별로 추천을 안 하는 것 같아요?"

"저희 제품이 진짜 좋은데, 달고 짜고 맛있지는 않잖아요. 자극적인 맛이 익숙한 고객들한테는 고소하기만 한 게 맹맹하게 느껴질 수도 있고…. 드실수록 매력 있는 맛인데도, 선뜻 권하지를 못하겠어요."

"그런데 조 회장, 향료도 색소도 설탕도 없다는 걸 고객들도 다 알아요. 쥬비스다운 상품이라서 달지 않다는 것도 다 알고. 그러니까 걱정 말고 더 자신 있게 얘기해요. 요즘 고객들이 얼마나 똑똑한데…."

그분의 말처럼 똑똑한 고객들이 알아봐준 덕분에 푸드 사업은 연매출 200억대까지 올라서면서 전체 매출의 30%까지 차지하게 되었다.

맞춤형 운동프로그램과 찾아가는 앳홈 서비스

쥬비스에 10년 넘도록 운동프로그램이 없었던 이유는, 사실 내가 운동을 싫어했기 때문이다. 사이클과 러닝머신 같은 유산소 운동을 왜 하나 싫었다. 나는 팔뚝살만 조금 빼고 싶은데 왜 러닝머신에 올라가서 수십 분씩 뛰어야 하는지, 그 근거가 뭔지 알 수가 없었기 때문에 싫었다. 게다가 사람마다 체형이 다르고 살이 찌는 부위, 지방량, 근육량, 대사량이 다 다른데 왜 스쿼트를 똑같이 10회씩 3세트를 하라는 것인지 이해가 안 되었다.

그런 데다 쥬비스에는 대부분 정상 체중보다 체중이 많이 나가는 고객들이 온다. 그분들 중에는 헬스클럽에서 운동을 하다가 다친 경험을 해본 분들도 많았다. 체중이 많이 나가는데 운동을 무리하게 하면 무릎과 발목에 무리가 온다. 잘못하면 허리까지 이상이 생길 수 있다. 그런 고객이 많기 때문에 우리는 운동이 감량을 위한 필수과정이라고 생각하지는 않았다. 하지만 운동 자체를 하지 말라는 것은 아니다. 당연히 건강을 유지하려면 운동이 필요하다.

예전에는 종종 TV에 체중감량을 위해 무리하게 운동하는 사람들이 나왔다. 타이어를 매고 남산 계단을 올라가는 사람도 있었다. 나는 그런 장면을 볼 때마다 경악했다. 타이어의 무게를 무릎과 허리가 버틸 수 있을까 걱정되었다. 요즘은 체중에 맞게 무리하지 않는 범위에서, 부위별로 다른 운동을 권하지만 20년 전에는 그런 식으로 무분별하게 다이어트를 하곤 했다.

그래서 헬스클럽에서 시키는 대로 운동하는 것이 싫어서 석사 출신의 직원들을 채용해서 동작을 개발하기 시작했다. 지금은 요가, 필라테스, 플라잉요가, PT 등 다양한 운동들이 있지만 그때는 요가가 막 퍼지고 있었을 뿐 헬스장에서 아령, 러닝머신, 사이클 같은 헬스 기구로 하는 것밖에 없었다. 그래서 고객의 감량을 돕는 운동 동작을 개발하기 시작했다.

나는 운동에 대해 잘 모르니까 동작을 개발하는 직원들에게 '살이 찐 부위만 빼고 싶은데 그런 운동은 왜 없느냐'고 불만을 얘기했다. 그렇게 해서 한 부위만 집중해서 30분간 수행할 수 있는 동작을 개발해내고 임상실험을 거치면서 우리만의 다양한 운동프로그램을 만들어냈다. 우리가 개발한 운동의 가장 큰 특징은 거의 대부분 체중을 싣지 않는다는 것이다. 눕거나, 앉거나, 엎드려서 하는 운동이 대부분이라서 관절에 무리가 안 가게 운동할 수 있다.

운동프로그램은 사실 코로나19를 예상하고 준비한 것은 아니었다. 앞에서 말했듯이 파이프라인이 필요했기 때문에 개발한 것이다. 푸드 쪽에서는 우리 제품으로 탄수화물, 단백질, 비타민, 무기질을 골고루 고객에게 먹일 수 있었다. 그렇다면 여기에 쥬비스 기계를 포터블로 소형화해서 들고 찾아간다면 아무리 시간이 없고 움직이기 싫어하는 고객들도 살이 잘 빠질 것 같았다.

그런 고민 끝에 나온 것이 앳홈 서비스였다. 시간이 없는 고객들을 찾아가자는 것이 목표였고, 운동프로그램도 포함된다. 사실 앳홈 서비스를 준비하는 데 2년 정도 걸렸다. 포터블 기계에 대한 허가와 특허를 내는 데도 꽤 시간이 필요했다. 기계도 바꾸고 프로그램도 2년에 걸쳐서 새로 만든 후 임상시험을 거쳐 효과까지 확인한 후 론칭했다.

그런데 앳홈 서비스를 시작하자마자 코로나19가 터졌다. 집합금지 때문에 피트니스센터가 문을 못 열게 되었고, 평소 꾸준히 운동을 하다가 못하게 된 사람들이 앳홈 서비스를 신청했다. 앳홈 서비스는 운동 컨설턴트가 고객의 집으로 기계를 들고 가서 기계를 장착해주고 보통 1시간 정도 PT를 한다. 지점 고객도 주말에 관리와 운동이 필요한데, 주말에 좀 더 활동량을 늘리고 싶은 고객은 앳홈서비스를 이용한다. 일부 고객은 주 2~3회는 지점에 오고, 1~2회는 앳홈 서비스로 받기도 한다.

고객이 포기하지 않게 하려면 '자동화'가 답이다

우리가 준비한 또 다른 파이프라인은 모바일 다이어트 어플리케이션이었다. 앱은 2019년부터 기획 및 개발을 시작해 2022년 말 론칭을 목표로 개발 중이다. 기획에서 콘텐츠 개발 그리고 론칭까지 3년 앞을 내다보고 시작했다. 이 앱은 기존에 사용해온 고객용 앱이 아닌 새로운 비즈니스 모델로, AI 기반의 온라인 다이어트 서비스를 제공한다.

에르메스나 샤넬 매장 오픈런을 보면 알 수 있듯이 고객들은 아무리 고가의 제품이라도 그만한 가치가 있다고 판단하면 불편함을 감수한다. '이걸 내가 경험하려면 불편함이 필요하니까'라고 받아들인다. 그런데 앱 서비스는 오프라인 관리만큼 비싸지는 않다. 컨설팅료가 포함되니까 다른 앱보다는 단가가 약간 높지만 그래도 오프라인에 비하면 저가 서비스다.

그런데 앱을 사용하는 고객들이 가장 원하는 것은 무엇일까를 생각해보면 자동화, 간편함이다. 가장 자동화가 안 되는 것은, 먹을 때마다 꼬박꼬박 입력해야 하는 식단일기다. 뭔가 써야 한다는 것이 기억도 잘 안 나고 불편한데, 앱 구독료는 불편함을 견디며 계속할 만큼 큰 금액은 아니다. 그러니까 쉽게 '그만하지, 뭐' 하고 포기해버린다. 오프라인 지점은 포기할 수 없는 금액이지만 온라인은 그렇지 않다.

앞에서도 말했지만, 우리는 고객한테 너무 관심이 많고, 그래서 늘 고객의 심리를 분석한다. 그래서 나온 결론이 하나 있다. 고객이 포기하지 않게 하려면 '자동화'가 답이라는 것이다. 지금 먹은 사과 하나, 귤 하나까지 사진만 찍으면 식단일기에 자동으로 기록되면 어떨까? 고객이 허락한다면 음식점에서 식사하고 카드를 긁으면, 그 내역이 바로 식단일기로 연동될 수도 있다. 번거롭게 내가 직접 입력하지 않아도 되는 자동화 서비스에 주력하기로 했다. 그러면 AI가 영양소는 물론이고 나의 식습관까지 모조리 분석해서 고객에게 '뭘 바꾸면 좋을지, 오늘 뭘 하면 좋을지, 내일은 뭘 시도해볼지' 예측해서 제안해준다.

앞에서도 설명했지만, 사람들은 자꾸 AI가 자동으로 뭔가를 해준다고 생각하는데 AI는 자동으로 뭔가를 해주는 게 아니다. 고객의 행동을 예측해서 더 좋은 것을 제안하거나 방향을 미리 알려주는 게 더 중요하다. 예를 들어 '오늘 소주 마셨으면 내일 컵라면 먹겠는데.' 이런 식으로 미리 예측해서 '고객님, 내일 아침 거르지 마시고 가급적 비타민이 많은 음식을 드세요.' 하고 조언해주는 쪽에 우리 앱은 집중하고 있다. 고객이 원하면 여기에 푸드를 얹고, 앳홈을 얹고, 거기에서 온라인 상담까지 얹을 수 있다.

나는 전략회의를 할 때 '고가, 중가, 저가'로 고객을 나누는 것을 가장 싫어한다. 직원들에게 그 말은 절대 사용하지 못하게 한다. 고객을 돈으로 갈라치는 것은 진짜 나쁜 비즈니스 언어다. 그래서 매각할 때도 '고가 고객'이라는 말을 하지 말라고 계속 강조했다.

우리가 저가 서비스는 저가 직원을 보내는가? 돈이 무슨 자격인가? 우리의 서비스를 왜 돈으로만 환산하는가? 빨리 감량을 해야 하는 고객은 오프라인 지점으로 오고, 진짜 시간이 없으면 온라인으로 하면 된다. 고객이 편한 시간에 일대일로 다이어트를 하고 싶으면 앳홈 서비스를 부를 것이다. 편의에 따라 시간과 공간을 선택하는 것이지, 굳이 고객을 돈으로 나누는 이유가 뭔가? '아' 다르고 '어' 다르다. 돈이 많거나 적은 고객이 아니라. 시간이 없는 고객, 외출이 불편한 고객일 뿐이다. 어떻게 부르느냐에 따라서 사람의 태도가 완전히 달라진다. 나는 늘 그 점을 강조했다.

해외와 달리 우리나라에서는 다이어트 앱이 아주 크게 성공한 케이스가 없다. 그 이유가 뭘까? 다이어트는 의지가 필요하다. 절박함이든 뭐든 의지가 있어야 끝까지 해낼 수 있다. 실내 자전거 경주로 게임처럼 세계 랭킹을 매기는 '펠로톤'과 다이어트 앱을 비교하는 사람이 많은데, 사실 펠로톤 역시 장비 때문에 잘된 것이지 앱 자체가 성공 포인트는 아니라고 생각한다. 전체 매출에서 앱 구독료는 다 합쳐봐야 전기세나 관리비 정도가 될까?

앱 구독료만으로는 사업을 지속하고 규모를 확장하는 데 한계가 있다.

우리나라에도 다이어트 앱이 굉장히 많았다. 그 앱들은 왜 큰 성공을 거두지 못했을까? 아마도 앱 구독료보다 서비스를 운영하는 인건비가 더 비싸기 때문일 것이다. 그래서 유지가 안 된다. 보통 앱 구독료가 1~2만 원 선이다. 그 이상이면 사용자들이 구독을 잘 안 한다. 그런데 직원들의 인건비는 훨씬 높다. 고객을 밀착관리하고 동기부여 하려면 직원들이 할 일이 너무 많기 때문이다. 다이어트 앱 업체가 구독자를 모으고 광고까지 하려면 수년간 마이너스를 견뎌야 하는데 대부분 그러지를 못한다. 그래서 앱으로만 수익을 남기기란 사실상 불가능하다. 너도나도 앱을 개발해서 사업을 한다는데 이것은 사실 굉장한 모순이다.

하지만 쥬비스가 이미 준비해놓은 AI는 사람의 손을 타지 않겠다는 목적으로 만들어졌다. 아예 사람 손을 안 탈 수는 없지만, 주요 부분에 대해서는 AI가 고객에게 예측 방향성을 알려줄 수 있다. 그래서 상담, 등록, 주문 등은 무조건 AI가 하는 것이 쥬비스 앱의 특징이다. 그리고 쥬비스는 이미 서비스를 경험해본 기존 고객군이 있기 때문에 AI 기반의 다이어트 앱에 경쟁력이 있다고 판단했다.

무엇이든 파이프라인을 준비할 때는 최소한 3~4년 전에 시작해야 한다. 당장 수익이 안 나온다고 포기하면 안 된다. 물론 힘들다. 신사업이 다 그렇다. 어느 회사든 신사업팀이 제일 불안한 법이다. 동료들은 '돈도 못 벌면서…'라며 싸늘한 눈길을 보내고, 윗사람들은 '그래서 올해는 매출이 나오나?' 하고 묻는다. 하지만 기간을 정해놓고 그 기간에 반드시 해내겠다는 의지와 추진력을 발휘해 계속 밀고 나가는 수밖에 없다. 이때 경영진의 확실한 방향 제시와 지지가 필수다.

　모든 신사업 론칭에 참여했지만, 앳홈 서비스는 내가 전혀 관여하지 않은 첫 번째 케이스였다. 당연히 앳홈 사업설명회도 조윤경 총괄대표를 중심으로 각 부문 대표들이 함께 진행했다. 그 사업설명회를 지켜보았던 순간이, 내가 쥬비스 다이어트를 경영하면서 가장 떨리고 뿌듯했던 순간이다. 새로운 사업을 구상하고 론칭하고, 멋진 행사를 열어 고객과 함께 비전을 발표하는 모습에서 처음으로 '아, 우리 조직이 이만큼 성장했구나', '리더들이 이렇게 잘 커주었구나' 하는 감격스러운 마음도 들었다. 그리고 '이들에게 회사를 맡겨도 충분하겠다', '100% 매각해도 안심할 수 있겠다'는 마음도 들었다.

　경영자가 해야 할 일 가운데 가장 중요한 일은 미래의 리더를 키우는 일이다. 그런데 그 일이 한두 해 만에 되는 일은 아니다. 리더는 회사의 가치관, 철학, 일의 본질을 뼛속까지 체득하고 모든 업무에서 그것을 흐트러짐 없이 수행해야 하는데, 그러기 위해서는 그 조직 안에서 리더로서 성공해본 경험이 중요하다. 쥬비스의 리더들 역시 10년 넘게 그러한 성공 경험들을 꾸준히 쌓아왔다. 어쩌면 창업자가 없는 회사를 해마다 30% 이상씩 성장시키는 원동력이 바로 거기에서 나온 것이 아닐까 싶다.

쥬비스는 왜 AI 회사가 되었을까?

다이어트 회사가 AI 회사로 변신?

✦ 직원을 만나기 전에 혹은 교육이나 강의를 하기 전에 하는 나만의 리추얼이 있었다. 사무실 책상 뒷편 디귿 자로 둘러싸인 책장에 가득 찬 책들을 바라보고 그중에서 유독 눈길이 가는 책한 권을 꺼내서 접어두었던 부분들을 다시 펴서 읽는다. 그 책들을 계속 보면서 마음의 준비를 했다.

직원들을 설득해야 하는 어려운 회의를 앞두었을 때는 더더욱 마음의 각오와 정리가 필요하다. 그런 회의에서 직원들은 대체로 납득을 잘 안 한다. '뭘 이런 것까지 하라는 거야?' 하고 부정적으로 받아들이는 경우가 대부분이다. 그래도 해야 할 일이 있을 때 회사는 직원을 설득해야 한다. 그럴 때마다 나는 오늘 무슨 얘기를 해야 할지, 일단 손에 잡히는 책에서 힌트를 얻었다. 전혀 상관 없는 책에서도 인사이트를 얻곤 했다.

AI를 시작하자고 했을 때, 직원들을 어떻게 설득해야 하나가 정말 막막했다. 사실 당시에는 우리나라에 AI라고는 '알파고' 외에는 알려진 게 별로 없던 때였다. 개와 고양이를 구별하는 수준이었다. 그리고 IT 기업도 아닌 서비스 기업에서 AI를 도입해 성공했다는 사례도 당연히 없었다. 직원들에게 왜 AI를 해야 하는지 어떻게 설명할까? 아무리 해야 할 이유가 분명해도 직원들에게 어떻게 성공할 것이라는 확신을 줄 수 있을까? 예상대로 2017년부터 AI를 연구하고 도입하겠다고 하니까 직원들이 '대체 왜? 그게 뭔데? 무슨 AI?' 하는 눈빛으로 나를 바라봤다.

그때 나는 어느 책에서 읽은 내용을 직원들에게 말해주었다. 내가 가장 좋아하는 이야기이기도 했다. 경영자는 한 손에는 데이터를, 한 손에는 트렌드를 들고, 이 데이터를 미래에 어떻게 사용할 것인지를 끊임없이 연구하는 사람이라는 내용이다. 경영자는 항상 현재 데이터를 보고받지만, 성공하는 경영자는 회사의 현재 데이터를 보고 미래 트렌드에 어떻게 적용할지를 끊임없이 고민한다. 그 내용과 함께 나는 이런 이야기를 했다.

"우리도 데이터가 정말 많다. 그러면 우리가 가지고 있는 자산인 데이터를 가지고 미래에 어떻게 사용할지, 우리가 지금부터 고민해야 살아남을 수 있다. 그렇지 않으면 경쟁자가 생기고, 대기업이 계속 들어온다. 당장 결과를 내자는 것이 아니다. 그런데 뭐라도 시작은 해야 한다. 뭐부터 해야 할지는 나도 모른다. 나도 여러분과 같이 교육받고, 같이할 거다."

회사는 언제나 모르는 것을 시도해야 한다

우리가 가진 데이터를 미래 트렌드에 맞게끔 생각해야 하고, 그것이 우리의 전략이 되어야 한다. 예를 들어 아마존은 조그마한 인터넷 서점에서 출발해 전 세계의 온라인 유통을 주도하고 있지 않은가? 그 회사도 온라인에서 그렇게 큰 성공을 일구었지만, 알다시피 오프라인에서 전혀 다른, 새로운 시도를 하고 있다. 아마존 역시 온라인에서 얻은 데이터를 가지고 오프라인 진출을 결심했을 것이다. 온라인에서 나온 어떤 데이터가 오프라인을 시작하라는 사인을 보냈을 것이다.

그렇다면 우리도 오프라인에서 모아둔 이 방대한 데이터를 가지고 어떻게 온라인으로 가야 할지 그 시작점을 고민해야 한다. 아마존도 계속해서 새로운 무언가를 시도하는데, 이 조그마한 회사가 그런 노력도 없이 어떻게 계속 살아남겠는가?

아기 새가 알을 깨고 나오기 어렵듯이 시작은 다 어렵다.

고통스럽고 거부하고 싶다. 그나마 실체가 뭔지 아는 것은 '재미있을 것 같다'라고 좋게 표현할 수 있지만(그나마 긍정회로를 엄청나게 돌려서), 모르는 것은 일단 거부하고 보는 게 사람의 본능이다. 그런데 회사는 언제나 모르는 것을 시도해야지 이미 알고 있는 것을 계속 하고 있으면 안 된다.

그런데 그 수많은 기술 중에 왜 하필 AI였을까? 사실 AI를 생각하게 된 계기는 의외로 좀 단순하다. 좀 더 근원적인 문제랄까? 나는 종종 '내가 언제까지 이 똑같은 일을 반복해야 하나' 하는 생각을 하곤 했다. 나는 솔직히 끈기가 별로 없다. 작정한 일은 끝을 보는 성격이긴 한데, 그것이 꼭 끈기 때문에 가능했던 것은 아니다. 부족한 끈기를 다른 것으로 채워가며 달려온 셈이다. 끈기도 별로 없는데 뭔가를 끝까지 안 하고는 못 배기는 성격이니 얼마나 힘들었겠는가. 재밌는 것, 새롭고 기발한 것을 좋아하는 나에게(혈액형이 B형이라 그런지) 같은 일을 반복해야 하는 상황은 좀 답답하고 지겨웠다.

여담이지만, 마케팅 부문 유현주 대표가 대리 시절에 나에게 한 얘기가 있다. 대리급 사원의 질문치고는 너무 직설화법이어서 아직도 그 충격을 잊을 수가 없다.

"회장님, 우리 회사는 왜 시작하는 일은 많은데 끝까지 하는 일은 별로 없어요?"

정곡을 찌르는 한마디에 부끄러워서 얼굴이 화끈거렸다. 그때 '끈기'의 중요성을 새삼 느꼈고, 덕분에 나도 조금 달라졌던 것 같다. 무작정 시작만 많이 하기보다는 먼저 끝그림을 그려놓고 시작하는 디테일이 생겼고, 도전을 많이 하는 것도 중요하지만 도전할 것과 도전하지 않아야 할 것을 구분하게 되었다. 도전을 선택했다면 끝까지 해내는 근성도 조금 생긴 것 같다. 그때부터 유현주 대표의 별명이 '다이아몬드'가 되었다. 보석 같은 직원 한 명이 리더의 단점까지 보완해주었기 때문이다.

'내가 언제까지 이 똑같은 일을 반복해야 하지?'

그렇다면 반복되는 일을 어떻게 효율적으로 바꿀 수 있을까? 예를 들어 직원교육은 신입사원이 들어올 때마다 거의 같은 내용으로 이루어진다. 그런데 지점이 많아지고, 입·퇴사자도 많아지면 같은 교육을 끝없이 해야 한다. 똑같은 교육을 공채 신입직원이 들어올 때마다 해야 하고, 재직 중인 직원에게도 직급별, 분야별로 세분화된 교육을 하다 보니 교육 자체만으로도 시간과 에너지 소모가 꽤 컸다. 그래서 그때는 '조성경 100명 복사'가 소원이었다. 나를 포함해 5명의 각 부문 대표들을 100명씩 복사해서 500명이 있으면 너무 편할 것 같았다.

그런저런 고민 중에 번뜩 AI가 떠올랐다. 사람이 똑같은 일을 무한반복하는 시대는 지나지 않았는가? 요즘은 사무직 업무도 RPA(Robotic Process Automation, 로보틱 처리 자동화)가 많은 부분을 대체해나가고 있다. 정확히 AI가 아니더라도, 뭔가 더 효율을 높이는 방법이 있지 않을까 하는 생각을 했다.

앞에서도 이야기했지만, 당시에는 AI가 무엇을 할 수 있을지 다들 잘 모르던 때다. 당연히 집에서도 회사에서도 쓰이지 않았다. 책을 찾아봐도 그냥 컴퓨터가 혼자 스스로 학습을 한다거나 딥러닝, 머신러닝 같은 단어의 정의 정도만 나와 있었다. 나는 AI가 어떤 과정을 통해서 학습하는지, 딥러닝을 하려면 어떤 데이터가 필요한지를 공부하기 시작했다.

처음에는 컨설팅 부문부터 도입해볼 생각이었다. 그런데 AI를 공부하면 할수록 사람이 없이는 불가능하다는 것을 알게 되었다. AI가 할 수 있는 부분은 아직 제한적이고, 그보다 사람이 해야 하는 영역이 훨씬 더 많았다. 아무리 AI가 고도화된 세상이 와도 사람의 역할은 반드시 있다는 것을 깨달았다. AI가 할 수 없는 일을 사람이 해야 한다.

그렇다면 AI가 할 수 없는 일은 무엇일까? 감정을 표출하는 것은 AI도 할 수 있다 하지만 상대방이 표현하지 않는 내면을 보는 일, 말로 표현하지 않은 생각을 읽는 일, 눈빛을 보고 심리상태를 알아내는 일 등은 할 수 없다. 물론 이런 미세한 변화를 감지

하는 기술들이 점점 발전하고는 있지만, 아직은 완벽하지 않다. 그래서 우리는 우리 회사의 업무들을 사람이 하는 일과 AI가 하는 일을 분리하는 프로젝트를 서울대학교 경력개발센터장인 이찬 교수님과 진행했다.

먼저 컨설팅 업무 중 AI가 할 일과 사람이 할 일을 구분했다. AI는 기본적인 데이터를 가지고 이 데이터가 어떻게 변화할지, 어떤 방향으로 관리를 해야 하는지 제시한다. 그러면 컨설턴트들은 데이터 이외의 부분들, 심리적·정서적인 부분들은 케어하며 좀 더 깊이 있게 의욕을 북돋우고 동기부여를 할 수 있다. 그러면 고객은 두 번의 컨설팅을 받는 셈이니 좋을 것 같았다.

연구자들도 놀란 매력적인 데이터들

✦   그렇다면 'AI 컨설팅의 목적'을 무엇으로 정해야 할까? 구
성원들과 많은 토론과 논의를 이어갔다. 우리의 '업의 본질'이 다
이어트이므로 결국 AI 컨설팅의 목적도 '감량'이라는 결론을 냈
다. 고객 데이터라는 재료를 가지고 '체중감량'이라는 목표를 달
성하게 만드는 것, 그것이 AI 컨설팅의 목적인 것이다.

그렇다면 무엇으로 AI에게 감량에 대해 학습을 시킬 수 있
을까? 키(key)가 되는 데이터를 찾아보았다. 우리에게는 15만 고
객의 데이터가 있었지만, 회사 서버로 모든 데이터를 분석하고 통
계 프로그램을 돌리는 것은 불가능했다. 그래서 슈퍼컴퓨터가 있

는 곳을 알아봤더니 서울대학교와 서울시립대학교에 있었다.

이 분야 최고 권위자인 서울시립대학교의 전종준 교수님께 의뢰해 통계 데이터 추출을 진행했다. 일단 데이터를 추출하긴 했지만, 무엇을 기준으로 해야 감량을 더 잘할 수 있는 지표를 만들어낼 수 있는지는 교수님도 모르고 우리도 몰랐다. 그래서 전 교수님과 함께 결과가 유사한 고객을 분류하는 일부터 시작했다.

AI를 학습시키는 데 가장 필요하고 가장 가치 있는 데이터는 조건이 있다. 동일한 환경에서 추출되어야 하고, 그 동일한 환경에서 성공한 사례와 실패한 사례가 있어야 한다. 그리고 성공과 실패의 이유가 명확해야 한다. 이런 조건을 모두 만족시키는 것이 쥬비스 다이어트의 15만 고객 데이터였다. AI는 성공과 실패가 명확한 데이터를 가지고 성공 데이터로 가기 위해 스스로 학습한다. 그러기 위해서는 같은 시스템에서 같은 프로그램으로 감량에 성공하거나 실패한 데이터여야 하는데, 우리에게는 같은 공간에서 같은 식단, 같은 프로그램으로 감량에 성공한 고객과 실패한 고객들의 데이터가 다 있었다. 같은 기간 내에 같은 항목의 측정치들이 회차별로 다 나왔다. 교수님들도 깜짝 놀랄 만큼 매력적인 데이터들이었다. 국내 어디에도 이렇게 많고 다양한 다이어트 성공과 실패에 대한 데이터가 없기 때문이다. 게다가 연령, 성별, 직업군, 체중 등 고객의 스펙트럼도 방대했기 때문에 연구자들을 놀라게 했다.

목표 대비, 기간 대비 감량결과에 대한 수많은 기준값을 가지고 있는 데이터였기 때문에 대학에서 좋아할 수밖에 없었다. 그래서 비교적 큰 비용 들이지 않고 산학협력을 통해 AI를 시작할 수 있었다.

감량을 좌우하는 키를 찾아라!

우리는 성별, 나이, 체중, 직업, 비만 유형, 지방 유형, 내장지방과 체지방량 등 15개 데이터를 키 값으로 잡았다. 그 데이터로 고객을 구분해 살이 잘 빠진 고객은 왜 잘 빠졌는지, 안 빠진 고객은 왜 안 빠졌는지를 찾아냈다. 어떤 데이터에서 차이가 있었는가를 찾아낸 것이다. 역시 두 그룹 모두 공통분모가 있었다.

이렇게 데이터를 모으고 분석하고 정리해서 '같은 성별, 체지방량, 직업, 비만 유형, 지방 유형을 가진 고객' 중 130% 이상 감량성과가 나오는 모델을 찾아냈다. 이렇게 '잘 빠지는 고객군'에 속하려면 같은 조건의 고객에게 오늘 무엇을 바꿔야 하는지 알려주는 것, 그것을 안내해주고 관리해주는 것이 바로 AI 컨설팅이 되길 바랐다.

예를 들어 나이, 성별, 체중, 직업, 건강 상태 등, 나와 비슷한 고객 그룹의 감량 방법과 결과를 보여주고, AI가 컨설팅할 때 "고객님과 같은 그룹의 감량 데이터를 보면, 그 고객님들은 이때

○○을 하셨어요. 그런데 고객님은 ○○ 부분에서 실행횟수가 ○ 번 부족합니다. 앞으로 ○○을 지키시면 지금부터 0kg를 더 뺄 수 있습니다. ○○만 바꾸시면 관리가 끝날 때 0kg 더 감량될 것으로 추정됩니다." 이런 안내를 해줄 수 있다.

우리가 가장 많이 하는 말이 "고객님, 주무세요!"다. 그런데 그냥 주무시라고 하는 게 아니라 그 고객과 같은 그룹의 감량 결과치를 분석한 것을 예로 들어 더 자세하게 설명할 수 있다.

"고객님, 주무셔야 살이 빠져요. 왜냐하면 지방세포를 가장 많이 가져다 쓰는 건 근육이고, 호르몬의 원료가 지방이기 때문에 호르몬이 원활하게 분비될수록 지방이 많이 소모됩니다. 근데 호르몬이 가장 많이 분비되는 시간이 잠자는 동안이에요. 어른들이 '애들은 자고 일어나면 쑥쑥 큰다'고 하잖아요? 그게 다 잠을 자는 동안 호르몬이 많이 분비되기 때문이에요. 저희 데이터로도 잘 주무셨던 고객님들은 확실히 결과에 차이가 있었습니다. 고객님과 같은 그룹에 속한 분들 중 잠을 잘 주무신 분들은 마지막에 62kg까지 빠졌습니다. 그런데 만약 고객님이 지금부터 잠자는 시간을 1시간 앞당기지 않으시면 62kg가 아닌 63.5kg에 끝날 가능성이 매우 높아요."

고객이 어떻게 하면 어떤 결과가 나올지를 좀 더 정확하게 제시하면 고객은 더 쉽게 이해하고 실천한다.

AI는 결국 예측, '감량 예측 모델링'을 만들다

그리고 AI 컨설팅에 감량예측 모델링을 추가했다. 'AI는 결국 예측'이라는 것을 나중에 알게 됐기 때문이었다. 2017년에 알았던 AI는 학습을 통해서 성장하고 말을 잘 알아듣고 적중률을 높이는 것이었다면 이후에 알게 된 AI는 '예측'이었다.

딥러닝을 통해서 다음 단계로 발전시키려면, 고객이 무엇을 요구할 것인가를 AI가 미리 알고 있어야 한다. 예를 들어, 고객이 날씨를 물어보면 그다음에는 '오늘은 뭐 입지?'를 AI가 예측하는 것이다. "오늘 날씨 알려줘."라고 물어보면 "오늘은 기온 20도로 선선합니다."하고 대답할 것이다. 그리고 "그럼 오늘은 긴 팔 블라우스에 스니커즈 어떨까요?"라고 예측을 해서 다음 단계를 제안한다. 사람이 일일이 말하지 않아도 무엇을 원할지 예측해야 한다는 것이다.

예전에는 "냉장고에 뭐 있어?"라고 물으면 AI가 냉장고에 있는 재료를 빠짐없이 읽어내는 수준이었다. 하지만 불과 몇 년 만에 "냉장고에 뭐 있어?" 하고 물으면 "냉장실에는 애호박, 양파, 감자가 있습니다. 오늘은 날씨가 추우니 된장찌개를 끓여 드시면 어떨까요?" 하고 알려주게 되었다. 사람이 미처 생각하지 못했던 다음 스텝을 알려주는 예측이 가능하다는 것이다.

우리도 AI를 활용한 예측 모델링을 시작했다. 예를 들어,

고객이 다이어트를 하러 센터에 와야 하는데, 어떤 행동을 하고 나서는 안 온다. 혹은 식단에 어떤 변화가 있었을 때 안 온다고 치자. 그러면 고객이 이유를 말하지 않아도, 고객이 입력하는 데이터를 AI가 관리의 근거로 사용한다. '○○ 행동을 했으니 이 고객은 오늘 안 올 확률이 70%'라고 AI가 예측하면 컨설턴트는 고객에게 전화를 건다. "고객님, 오늘 예약돼 있는 것 아시죠? 얼른 오세요." 이런 식으로 AI가 예측한 것들을 컨설턴트가 비즈니스에 적용하는 것이다.

또 고객이 전화로 방문 상담 예약을 했어도 예약한 고객이 다 오지는 않는다. AI 예측 모델링을 통해 고객이 올 확률을 예측하고, 안 올 확률이 높으면 시간을 쪼개서 상담 예약을 추가로 받는다거나 미리 전화해서 다시 한번 확인할 수 있다. 결국 AI는 예측 모델링이라는 걸 알게 된 후로, 우리는 AI를 6개월 간격으로 업데이트했다. 두 번의 업데이트를 하면서 알게 된 것은 고객 데이터가 스스로 학습해 고객의 체중, 허리둘레, 내장지방 등의 어느 부분들이 감량이 더 되고 어느 부분들이 감량이 덜 되는지 보여준다는 것이다.

그래서 예전에는 고객과 비슷한 사례를 보여주며 '그 고객은 이렇게 해서 감량 결과가 좋았다'고 설명했다면, 지금은 '고객님의 몸 상태는 현재 ○○을 해야 더 잘 빠지고, 과거 데이터를 보면 고객님은 ○○하는 순간에 요요가 생길 수 있으니 ○○을 하셔야 합니다'라고 더 구체적으로, 내 몸이 어떻게 변화될지를 예측해서 설명하게 되었다.

전에는 "여러 조건이 비슷하긴 하지만 어쨌든 그 사람은 그 사람이고 나는 나잖아요? 내가 그 사람은 아니니까요." 하고 믿지 않던 고객도 지금은 "이것은 고객님 데이터에요."라고 하니 그런 불신과 의심도 사라졌다. 이것들을 적용한 것이 감량 예측 모델링이었다. 이 감량예측 모델링을 우리나라 최초의 AI 센터장인 서울대학교 장병탁 교수팀이 만들었다. 그와 함께 서울대 HCI 이준환 교수님과 이찬 교수님이 'HR 관점의 상담 챗봇 프로젝트'를 함께 진행했다.

새로운 도전을 할 때 구성원들의 불안감을 줄이려면 안팎으로 끝없이 설득하고 설명하는 수밖에 없었다. AI 포럼을 열어 고객들에게 알리고, 론칭 후에도 조직개편 없이 오히려 컨설턴트에게 고객 성향분석 교육을 새롭게 시켰다. 그리고 아무 변동 없이 새로운 성향분석 업무를 도입한 후에야 조금씩 안정을 되찾기 시작했다.

직원들은 회사가 보내는 아주 작은 사인에도 크게 반응한다. 작은 변화도 당장 큰일이 날 것처럼 두려워하고 거부하게 마련이다. 회사에 대한 신뢰가 없으면 별일 아닌 상황에서도 직원들은 떠난다. 그럴수록 회사는 구성원들에게 정확히 보여주어야 한다. 직원은 매의 눈으로 회사를 지켜본다. 회사가 구성원에게 일관성 있는 메시지를 보내고, 메시지를 어떻게든 실천해야 한다. 그런 것을 반복적으로 경험한 직원만이 회사에 대한 신뢰와 로열티를 갖는다.

AI 컨설팅을 처음 도입했을 때 직원들만이 아니라 고객들도 적응기간이 필요했다. 기계음으로 된 AI 보이스로 컨설팅 내용이 나오니까 그걸 듣던 고객 중 한 분은 코를 골며 주무시기도 했다. 그 후 그런 부분을 보완하기 위해서 AI 컨설팅에서 데이터가 나오는 부분, AI가 자동분석해서 나오는 부분은 AI 보이스로, 일반적인 인사말과 컨설팅 내용은 대표들의 목소리를 녹음해서 업그레이드하기도 했다.

비정형 데이터로 서비스 업그레이드

✧　　맨 처음 AI 컨설팅을 시작할 때도, AI 감량 예측 모델링을 AI 컨설팅에 적용할 때도 직원들은 그다지 반기지 않았다. 왜냐하면 당시 언론에서 제일 자주 나오던 얘기가 'AI가 사람의 일을 대체한다. 단순업무를 AI가 하면 일자리가 줄어들고 사람의 일이 사라진다'는 것이었기 때문이다. 물론 틀린 말은 아니다. 가령 맥도날드 매장에 키오스크를 설치하자 주문받는 업무가 확 줄어들고 영업이익이 늘어났다. 매장 직원수가 줄어 그만큼 비용이 줄었기 때문이다. 그래서 맥도날드 주가도 급등하기 시작했던 것이 사실이다.

하지만 우리가 하고자 하는 AI는 단순업무 대체가 아니었다. 하지만 회사가 아무리 'AI를 만들고 사람 손을 줄이지 않는다'고 해도 직원 대부분이 반신반의하는 듯했다. 그래서 인사, 조직 관련해서 컨설팅해준 서울대 이찬 교수가 직원들을 대상으로 강의도 했다. 이찬 교수님은 우리 조직이 AI와 어떻게 협업을 할 것인지 자세히 설명해주었다. AI가 잘하는 것은 AI가 하고, 사람이 잘하는 건 사람이 하면 된다. 각각의 역할을 분리하지 않으면 앞으로는 개인도 기업도 살아남을 수 없다는 내용이었다.

데이터를 분석하고 예측하는 일을 AI에게 맡겼다면, 그때부터 직원들에게는 고객의 성향분석을 하도록 했다. 또 고객의 심리분석을 위해 심리 자문위원도 세팅했다. 기존에 사람이 하던 단순업무나 데이터 분석, 예측 같은 일은 AI가 더 잘하니 AI에게 맡기고, 이제부터 우리가 해야 할 일은 고객의 내면을 읽고, 동기를 부여하고, 위로와 응원을 더욱 과학적으로(?) 주는 것이다. '고객님의 데이터가 이렇습니다'라고 하는 건 AI가 더 잘하니까 말이다. 그러면서 컨설턴트의 컨설팅 업무가 고객의 데이터 분석에서 심리적·정서적인 문제파악과 해결 쪽으로 옮겨가게 되었다.

이후 심리학을 전공한 직원들을 뽑았고, 상담 자격증을 가진 심리 상담사, 석박사 학위를 소재한 심리 자문위원들을 모셔와 고객에게 무료 심리상담도 제공했다. 그다음에 '이 고객은 언제 어떻게 저런 행동을 할까?', '언제 어떻게 왜 야식을 먹는 걸까?',

'자고 일어나면 살이 빠져야 하는데 왜 오전에 체중이 더 늘어날까?', '고객의 식단일기에는 적은 게 아무것도 없는데 왜 체중이 늘었을까?' 등의 비정형 데이터를 모으기 시작했다. 고객의 심리 상태에 대해서 굉장히 많은 관심을 갖게 되었다.

어쩌면 이러한 지속적인 변화, 새로운 것을 끊임없이 실험하고 도입하는 것이 쥬비스가 고가정책을 계속 유지할 수 있는 방법이 아닐까 싶다. 옛날 방식의 컨설팅 업무에서 벗어나지 않았다면, 계속 높은 가격을 유지할 수 없었을 것이다. AI를 도입하고 고객의 심리, 정서적인 면에 더욱 집중한 덕분에 쥬비스의 서비스도 한 단계 업그레이드 될 수 있었다.

등록 예측, 이탈 예측도 AI가 한다

상담 영역에서도 AI를 접목했다. 사실 처음에는 상담에서 만큼은 AI를 도입하고 싶지 않았다. 아니, 그럴 필요성을 잘 못 느꼈다. 그런데 1차 매각에 실패하면서 한 가지 깨달은 것이 있다 (매각 이야기는 뒤에서 다시 하겠다). 결국 투자사 관점에서 보면 컨설턴트가 상담할 수 있는 시간은 한정적이고 고객도 한정적이다. 투자사는 왜 주말에는 영업을 안 하는지, 왜 24시간 안 하는지(강남점은 월세도 비싼데 왜 주 5일, 하루 10시간밖에 안 쓰는가?) 등을 궁금해 했다. 투자사라면 당연히 그런 의문을 가질 수밖에 없다.

하지만 우리는 나름대로 이유가 있었다. 쥬비스는 상담 등록률이 엄청나게 높았다. 내가 실무에 있었을 때 우리 회사에 방문하는 고객은 95%가 무조건 등록했다. 아무리 낮아도 93%는 등록했다. 이 데이터를 얘기하면 대학에서도 깜짝 놀란다. 어떻게 방문한 고객의 93% 이상이 등록을 하느냐는 것이다.

이후 직영점이 많아지면서 등록률이 80%대로 떨어졌다. 신규직원들은 점점 어려지고 고객의 연령은 올라가면서 갭이 커진 데다, 아무래도 저연차 직원들이 상담을 하다 보니 경험부족도 중요한 원인이었다. 등록률이 평균 83~89%로 떨어졌지만 그래도 상담 고객 10명 중 8명이 등록을 했으니 그 정도로 만족하고 있었다. 그런데 1차 매각 때 투자사가 그런 식으로 파고드니까 이 부분도 효율성을 높여야겠다는 생각이 들었다. 상담 영역을 어떻게 혁신할까 고민하다가 먼저 카카오톡 상담, 전화 상담에 AI 상담 챗봇을 도입했다.

만약 처음부터 상담에 AI를 접목했다면 아마 '학습'을 목표를 정해서 어떻게 학습시킬지 고민했을 것이다. 하지만 그보다 뒤늦은 2019년에 시작하게 되면서 접근방법이 달라졌다. 'AI는 결국 예측'이라는 점을 알게 된 이후였기 때문이다. 이미 그때 AI 감량예측 모델링을 만들어가고 있었기 때문에 상담 영역에서도 '예측'을 고민했다. '기존에 입력된 정보로 봤을 때 이 고객이 상담하러 올 확률이 몇 퍼센트일까?', '이 고객이 상담 후 등록할 확률은 몇 퍼센트일까?', '이 고객의 예상 객단가는 얼마일까?' 등을 AI가 예측하게 되었다. AI가 이런 것을 예측하게 되면 예상 매출액도 나온다.

그리고 직원들의 성과가 투명해진다. 왜냐하면 등록할 확률이 80%인 고객이 등록하지 않았다면 성과가 낮은 것이고, 등록할 확률이 30%밖에 안 되는 고객이 등록했다면 직원이 역량을 발휘해 높은 성과를 거둔 것이기 때문이다. 거기에 더 중요한 것은, 등록 예상 객단가가 300만 원이었는데 그 객단가를 500만 원으로 높이면 높은 성과가 되고, 반대로 500만 원으로 예측한 고객이 300만 원으로 등록하면 컨설턴트의 역량이 다 발휘되지 못한 것이다. 성과가 낮다고 볼 수 있다. 하지만 이것을 성과지표로 삼지는 않았다. 왜냐하면 아직 AI의 적중률이 그렇게까지 높지 않기 때문이다. 지속적으로 알고리즘을 추가하고 데이터를 쌓아서 학습시키면 이 부분도 얼마든지 적중률이 높아질 것이다.

또 관심이 있었던 것은 이탈 예측 모델링이었다. 결국 기업이 살아남으려면 고객을 많이 보유하고 있어야 한다. 쥬비스 다이어트 역시 얼마나 많은 고객수를 유지하고 있느냐가 중요했기 때문에 이탈 예측 모델링이 중요했다. 살을 더 빼야 하는 데 A고객이 왜 재등록을 안 할까? A고객은 언제부터 재등록을 할 생각이 없었던 걸까? 이 상태로 이탈하면 요요현상이 올 확률이 80%인데 왜 재등록을 안 할까? 우리는 이런 것이 무척 궁금했고, AI로 이유를 찾아낼 수 있을 것 같았다.

이탈 고객이 언제, 어느 시점부터, 무엇 때문에, 어떤 서비스가 불만이어서 그랬는지 그 시점으로 돌아가서 알아내고 싶었다. 그래서 지금까지 재등록 안 한 고객, 환불 고객, 연락 두절하고 안 나오는 고객들에 대한 데이터를 모두 모았다. 그것을 바탕으로 알고리즘을 짰다. 언제부터 만족도 점수가 나빠졌는지, 언제부터 감량이 안 되었는지, 언제부터 식단 점수가 나빠졌는지, 어느 시점부터 불만족스러워졌을까를 분석해서 컨설턴트에게 알려주는 것이다. 그걸 사이렌이라고 하는데 그 사이렌 지표들을 살펴보기 시작했다.

예를 들면 환불을 요청하거나 이탈한 고객을 살펴보니 24회 중에 17회차 때 만족도 점수가 떨어지기 시작했고, 감량도 정체되었다. 식단일기를 보니 외식도 늘었다. 그런데도 컨설턴트가 별다른 경고나 안내, 주의 메시지도 보내지 않고 밀착관리를 하지 않으면 고객은 실망한다. 그러면 '나한테 관심이 없구나. 관리가 끝날 때쯤 되니까 나한테 소홀하구나.' 하고 생각한다. 이때부터 재등록할 마음이 사라지고 이탈하게 되는 것이다.

이런 식으로 재등록을 안 하는 고객들의 공통점들을 찾고, 그것에 대한 알고리즘들을 만들었다. 결국은 키 값을 찾아내 모니터링하다가 '이 고객이 곧 이탈하겠다'라고 예측이 되는 순간 AI가 컨설턴트에게 '이 고객은 지금 이탈확률이 70%에요. 밀착 관리 하세요'라고 사이렌을 계속 보낸다.

사이렌이 뜨면, 컨설턴트는 관리 버튼을 누르고, 고객관리를 해야 한다. 만약 그렇게 하지 않으면 직원에게 사이렌이 계속 울린다. 고객이 말하지 않는 문제, 눈에 띄지 않는 신호들을 읽어내서 고객의 이탈을 예방할 수 있다. 그러면 재등록률이 올라가고 재등록률이 10%만 올라가도 한 달 매출이 수십 억씩 올라간다. 이처럼 사람이 모르고 지나쳤던 부분들을 AI가 경고해주고 시그널을 준다면 효율성이 더 올라가지 않을까? 특히 경력이 짧은 저연차 직원들이 미처 몰라서 고객을 놓치는 경우는 줄일 수 있을 것이다. 그런 데서 발생하는 손실을 줄이면 또 하나의 리스크가 사라지는 것과 같다.

그렇게 상담 부분에서도 상담, 관리, 이탈방지 3가지에 AI를 도입했다. 상담에서는 챗봇과 상담 등록률 예측 그리고 나중에는 고객에게 추천하면 좋은 프로그램까지 AI가 데이터 분석과 학습 결과로 제안할 수 있게 되었다. 관리에서는 감량 예측 모델링을 AI가 맡았고, 이탈방지에서는 이탈 예측 모델링을 통해 고객의 불만이 쌓이는 원인에 대해 분석하고, 결정적인 타이밍에 사이렌을 보낼 지표들을 만들어내고 그걸 백분율로 나타내는 AI를 도입하게 되었다.

옳은 선택이 좋은 결과를 만든다

✦ '옳은 선택이 좋은 결과를 만든다.'

　　의사결정을 할 때마다 항상 이 말을 생각한다. 현재의 선택이 미래의 결과를 좌우하고, 옳은 선택을 했을 때 좋은 결과가 나온다. CEO의 선택은 회사의 미래를 좌우한다. 현재의 선택은 언젠가 다가올 위험이거나, 언젠가 다가올 위기를 극복하는 대비책이다. 그래서 미래 중심적인 의사결정을 해야지 지금 이 순간만 모면하려는 의사결정을 해서는 안 된다. 나는 의사결정을 할 때 '이 결정이 미래에 우리 회사에 도움이 될까, 손해가 될까? 고객에게 옳은 선택일까? 조직에 옳은 결과가 나올까?'를 계속 고민한다.

사실 이 말은 나의 멘토인 조서환 회장님이 항상 강조한 것이기도 하다. 조 회장님은 애경그룹 전무, KT 부사장을 역임한 베스트셀러 작가로, 나에게도 꼭 책을 써보라고 하셨다. 내가 한 이 놀라운 경험들을 꼭 글로 남겨서 사람들에게 알리라고, 독자들에게 매 순간 옳은 선택을 하려고 노력했던 과정과 그 결과를 보여주라는 것이었다. 독자들은 사는 방법을 고민하고, 제대로 살고자 하는 의지가 있는 현명한 사람들이니, 그들이 옳은 선택을 할 수 있도록 도우라는 이야기에 나는 설득되었다.

40대에 어려운 일을 많이 겪었지만 고통이 지나가자 결국 회사는 성장했다. 세무조사 덕분에 세금문제를 철저하게 챙기게 되었고, 압수수색 덕분에 CRM, ERP로 모든 데이터를 전산화했다. 체인점 실패 덕분에 직영점 시스템으로 모든 매장을 한눈에 파악하게 되었고, 여러 이익단체의 공격 덕분에 우리가 하는 일을 더 세세하게 공부할 수 있었다. 그 과정에서 대학 교수님들과 산학협력도 강화했다. 지나고 보니 그 많은 고통의 상황들이 다 성장의 마디였다.

너무 뻔한 말 같지만, 위기는 달리 보면 기회다. 위기가 없었다면 회사를 성장시킬 수 있었을까 싶다. 아직도 조그마한 목동점 하나에 또는 직영점 몇 곳에 만족하지 않았을까. 그래서 나는 '위기 자체보다 그 순간 내가 어떤 선택을 하는지가 중요하다'는 생각을 항상 하고 살아왔다. 덕분에 이런저런 위기를 돌파해 나가면서도 해마다 평균 25%씩 성장했다.

모든 공격을 다 받아내고 어느 정도 안정을 찾았을 때 나는 내가 할 일을 다 마친 느낌이었다. 2017년 말, 소위 번아웃 같은 것이 왔다. 회사가 한창 성장하는 동안에는 고객을 연구하고 새로운 시도를 해보느라 너무 재미있었다. 위기의 순간에는 살아남아야 한다는 오기, 무너질 수 없다는 오기로 직원들과 함께 어떻게든 지켜내려고 용을 썼다. 그렇게 십수 년간 가시를 바짝 세운 채 살았더니 체력이 바닥났고 불면증도 생겼다. 잠을 제대로 못 자는 날들이 계속되면서 '더 이상 못 하겠다'는 생각이 들었다. 다른 경영자들은 회사가 어려워질 때 못 견디겠다고 생각한다는데, 그때도 쥬비스는 너무 잘되고 있었고 그런 상황에서 내가 왜 힘든지 나조차도 의문이었다.

2018년 연초에 혼자 생각을 좀 해보기 위해 제주도 올레길을 걸었다. 생각해보니까 어디를 가든 내 옆에는 항상 사람들이 있었다. 집에는 남편과 아들이 있었고, 회사에는 350명의 직원이 있었다. 그러다 보니 나 혼자 보낸 시간이 없었다. 그래서 '잠깐 떠나보자, 회사로부터 잠깐 멀어지자, 그냥 오롯이 혼자만의 시간을 가지면서 생각을 좀 해보자' 해서 떠났다.

올레길 1~12코스로 목표를 잡았고, 나는 목표 중심적인 사람이라 목표대로 실행에 옮겼다. 처음 몇 코스 동안은 '내가 지금 뭐 하는 짓인가, 걷는다고 뭐가 달라지나' 하는 생각이 들었지만 걷다 보니까 또 걷게 되고, 그렇게 계속 걸었다. 그러다 갑자기 2002년 사업을 시작할 때부터 현재까지 있었던 일들이 떠올라 눈물이 막 났다. 그런데 울어도 아무도 보는 사람 없으니 울면서 걷다가, 좌판 있으면 막걸리도 마시고 해산물도 먹고 그렇게 2주 동안 혼자 지냈다. 그렇게 혼자 여행해본 것은 처음이었는데, 하고 싶은 대로 다 할 수 있어서 참 좋았다. 그리고 회사를 나보다 더 큰 그릇에 담아야겠다는 결론을 내렸다. 회사의 사이즈가 이미 내 그릇을 넘은 듯했다. 내 그릇에 담길 때는 행복하고 재미있었지만, 이제는 숨차고 벅차다. 회사를 더 큰 그릇에 담자. 그래서 내린 결정이 매각이었다.

"80세에 내가 어떻게 될지 어떻게 아니?"

사람들은 왜 벌써 회사를 매각하느냐고 의아해했다. 요즘은 70~80세까지 오너들이 현업에서 일하는데 50세에 매각이 웬 말이냐는 것이다. 하지만 내 생각은 좀 달랐다. 인생이 100세까지라면, 50세 전과 후는 좀 다른 인생을 살아도 되지 않을까 싶었다. 그러고 보니 내가 그런 생각을 하게 된 계기가 있었다. 당시 친정 엄마가 70세 때였는데, 어느 날 갑자기 연금보험을 드셨다.

"아니, 엄마! 연세 드셔서 지금 무슨 연금보험이에요?"

내가 묻자 엄마는 이렇게 말씀하셨다.

"80세에 내가 어떻게 될지 어떻게 아니?"

그래서 70세에 가입해서 80세부터 연금을 받는 보험에 가입하셨다. 그때 나는 생각했다.

'아, 엄마는 저렇게 70세에도 80세를 준비하시는구나. 80세에는 또 다른 인생이 있고, 지금과는 다를 것이라고 생각하시는구나. 나도 100세 인생의 절반을 이렇게 살았다면, 남은 절반은 다르게 살아봐도 되지 않을까? 70~80대가 돼서 다른 인생을 시작하는 것보다 딱 절반인 50세에 시작하는 것이 낫지 않을까.'

그렇게 매각을 결정하고 끊임없이 나 자신한테 질문했다. '꽃밭 가꾸듯 온 힘을 다해 가꿔서 여기까지 왔는데 후회하지 않을 자신 있어?' 그런데 어느 날 책을 읽다가 한 부분이 눈에 들어왔다. 1970~1980년대는 우리나라가 제조업 중심이었으니까 노동력과 토지, 자본이 중요했다. 그러나 2000년 이후부터는 자본의 규모와 속도, 이 2가지가 산업을 결정한다는 내용이었다.

생각해보니 정말 맞는 말이었다. 네이버, 카카오를 보면 결국 자본이다. IT 시대, AI 시대가 되면 자동화 설비와 로봇 시스템이 노동력을 대체한다. 세상이 빠르게 발전하니까 결국 속도 싸움이다. 누가 선점하느냐의 싸움이라는 뜻이다. 누가 더 큰돈을 가지고 투자를 계속하느냐, 그 투자금을 가지고 얼마나 빠르게 변신하느냐가 시장의 구조, 더 나아가 사회 구조를 바꿔놓는다. 그 책을 읽고 나는 마음을 굳혔다. '꼭 내가 정답이 아닐 수 있다. 대규모의 자금을 투입해 빠른 속도로 글로벌로 나가는 것이 우리 회사의 미래 방향성에 더 좋을 수 있다.'

그래서 별 준비도 없이 1차 매각에 도전했다. 매각 절차는 투자 절차와 똑같다. 투자를 10% 받든 20%를 받든 절차는 같다.

첫 번째, 회사의 재무제표를 모두 열어본다. "우리 회사에 투자해도 됩니다. 우리 회사 깨끗하고 국가의 규제를 받는 산업도 아닙니다."라는 것들을 이해시킨다.

두 번째, 우리 회사가 성장성이 있는지, 시장성이 있는지를 보여준다. 회계의 구조가 깨끗한지, 법적인 문제가 없는지도 본다. 그렇게 1차 심사를 한다. 이 심사에 3개월이 걸린다. 회사는 모든 데이터를 샅샅이 긁어모아서 제출해야 한다.

세 번째, 공개매각을 할지, 비밀매각을 할지 매각방식을 오너에게 물어본다. 공개매각은 여러 사람이 입찰하기 때문에 가격을 많이 받을 수 있다. 반면 소문이 났는데 안 팔리면 다시 매각을 진행하기 어렵다. 비밀매각은 한 곳만 입찰한다. 소문은 안 나지만 경쟁자가 없으니까 가격을 좋게 주지 않는다. 나는 1차 매각때 비밀매각을 선택해 언론에 보도되지 않았다.

네 번째는 입찰이다. 투자사가 "이 회사에 관심 있습니다.

얼마 정도에 사고 싶습니다. 돈은 어느 은행에 있고, 어디서 대출해올 것입니다. 사서 이렇게 키울 것이고, 자금조달은 이렇게 할 것입니다." 하는 예비 입찰 가격과 예비 입찰 서류를 제출한다.

그 후 매각사인 우리가 서류의 내역과 가격을 살펴본다. 이 실사의 상대방(투자사)도 컨설팅 회사, 회계법인, 법무법인 등을 포함해 회사당 평균 40명 정도가 들어온다. 우리는 3개의 회사가 실사를 했다. 그래서 120명에게 어마어마한 회사 자료를 다 제출했다. 그러고 나서 그중에서 본 입찰을 한다. 예비 입찰 가격과 본 입찰의 가격은 달라진다. 예비 입찰 가격에 비해 본 입찰 가격이 대부분 낮다. 우리는 높게 받으려고 하고 상대방은 깎으려고 하기 때문이다. 그러고 나서 최종 결정을 하고 매각 계약서를 쓴다.

1차 매각을 중도에 포기한 이유

1차 매각을 진행하면서 도저히 이 상태로는 매각할 수 없을 것 같았다. 자꾸 나한테 지분 20%를 남겨서 2차 매각을 다시 하자고 하는데 나는 그럴 자신이 없었다. 내 그릇에 넘치는 회사를 더 크게, 더 잘되게 하려고 매각하는 것인데 20% 지분을 남기고 동업을 하자고? 내가 인생에서 절대 안 하는 것이 동업이다. 주식을 주면 주었지, 동업은 절대 안 한다. 이것 역시 체인점 사업 때 배운 것이다. 누군가에게는 쉬울 수 있지만 나는 절대 못 한다는 걸 알았기 때문이다. 그래서 나는 실사 기간 마지막 날에 매각을 스톱하겠다고 전체 메일을 보냈다.

그러자 실사를 진행했던 투자사에서 난리가 났다. 변호사, 회계사, 컨설턴트한테 들어간 비용(수십 억 원이 들었다고 했다)은 물론이고, 엄청난 시간과 에너지를 들여서 실사를 진행해왔는데 투자사가 매각을 철회당하기는 처음이라고 했다. 대부분 투자사가 마음이 바뀌어 투자를 철회하지 매각사가 매각을 철회하는 케이스는 많지 않다는 것이다.

시간이 지나서 2차 매각을 준비하면서 1차 매각에 실패한 결정적인 이유를 찾았다. 내가 직원들한테는 그렇게 고객 관점, 소비자 관점을 강조해놓고 매각할 때는 매각사(우리 회사) 중심으로만 접근했지 투자사 생각을 전혀 안 했다. 투자자가 우리 회사를 왜 사야 하는지, 어떻게 이 회사를 성장시켜서 2차 매각을 할지는 관심 없고, 살려면 사고 싫으면 말라는 생각만 있었다. 고객 관점이 아닌 상태로 매각이 잘될 리가 없었다. 그 사실을 2차 매각 때 알게 됐다.

우리 회사는 어느 시장에 있는가?

◆　회사를 매각한다는 것은 현재를 파는 것이 아니다. 과거와 연결된 미래 가치를 파는 것이다. 현재 우리 회사가 잘되니까, 올해 매출이 잘 나왔으니까 매각하는 것이 아니라, 앞으로 우리 회사가 어떻게 성장할지를 증명하는 것이 매각이었다. 그런 점을 중심으로 다시 철저하게 2차 매각을 준비하기 시작했다.

　　제일 먼저 한 일은 부동산과 다이어트 영업 회사를 분할, 합병한 일이다(이 부분이 가장 검증하기 힘든 부분이기도 하다). 부동산 회사를 매각하면 세금이 거의 50%이다. 반면 일반 회사를 매각하면 세금이 22%, 대주주 및 대주주와 특수관계면 26%이다. 그래서 부동산 회사와 다이어트 회사를 분리하고, 부동산 회사가 가지고 있었던 다이어트 회사를 합병했다. 이게 무슨 말인가 하면, 원래 쥬비스는 2개의 법인으로 나누어져 있었다. 쥬비스는 부동산 법인과 10개 직영점으로, 쥬비스 다이어트는 21개 직영점으로 말이다. 직원 수가 100인 이하의 법인이어야 정부 지원사업 혜택을 받을 수 있었기 때문이다. 그런데 매각할 때 자산의 50% 이상이 부동산일 경우 양도세가 커지기 때문에 쥬비스 법인에는 부동산만 남겨놓는 분할을 했고, 쥬비스의 10개 직영점은 쥬비스 다이어트의 21개 직영점과 합병한 것이다. 그리고 푸드, 아카데미, 홍보대행사 등 계열사 역시 쥬비스 다이어트로 합병했다.

두 번째, 국제 회계 기준으로 회계 기준을 바꿨다. 우리나라 투자자금의 70% 이상은 외국계 자금이고, 외국계 투자사는 국제 기준으로 회계를 살펴보기 때문에 국제 회계 기준인 IFRS로 바꿨다. 세 번째, 국제 회계 기준에 따른 회계 장부는 회계 감사가 되지 않았기 때문에 과거 3년치 회계 감사를 다시 다 받았다.

투자사가 가장 유의해서 살펴보는 것은 법률적인 리스크다. 미래에 법률적인 문제 때문에 회사경영을 중단해야 하는 상황이 생기면 안 되기 때문이다. 투자사로서는 가장 큰 리스크인 셈이다. 그래서 미리 '법률 모의실사'라는 것을 해본다. 그러면 실사기간도 짧아지고, 매각사의 법률회사와 투자사의 법률회사가 같은 언어, 같은 시각으로 볼 수 있기 때문에 회사에 대한 이해도도 높아진다. 법률 모의실사를 받으면서 발견된 문제를 미리 수정, 보완해서 본 실사 때 보다 완벽한 상태로 실사를 받을 수 있다. 그래서 법률 모의실사 보고서는 거의 책 한 권 분량이 될 정도로 항목이 많다.

나는 1차 매각 때 우리 회사가 대체 어느 시장에 있는지, 그 시장의 규모가 얼마인지도 정확히 정의 내리지 못했다. 사실 이 질문에 대답할 수 있는 경영자는 얼마 안 된다. 대부분 회사의 매출액은 자신 있게 대답한다. 그런데 시장의 규모는 잘 모른다. 나도 그랬다.

투자사 입장에서 보면 매각사가 어느 시장에 있는지, 그 시장의 규모가 얼마이고, 매각사는 마켓에서 몇 %나 차지할 수 있는지, 그래서 어디까지 성장할 수 있는지가 가장 중요하다. 그런데 나는 그 부분을 간과했다.

우리나라 다이어트 시장의 규모는 총 10조 원이다. 그리고 국내에 비만 인구가 31%이고, 과체중까지 포함하면 60%이다. 특히 30대 이상 남성의 복부비만율이 급격히 증가했다. 그래서 우리 회사도 남성 고객을 유입시키기 위해 일부러 남자 모델을 내세웠다. 비만 인구가 31%인데 그중에 다이어트를 시도하는 사람들이 30%다. 이것은 정말 대단한 성장 가능성이다.

그런데 우리 회사가 속해 있는 이 다이어트 시장이 10조

원이라면, 헬스케어 시장의 규모는 얼마일까? 헬스케어 산업의 규모는 60조 원이다. 그럼 어느 시장에 있어야 매각할 때 유리할까? 다이어트 시장이 좋을까, 헬스케어 시장이 좋을까. 당연히 헬스케어다.

그래서 우리 회사는 다이어트 회사가 아니라 헬스케어 회사이고, 그러니까 투자사는 60조 시장 안에 있는 회사를 사는 것이며, 우리는 더 성장할 수 있다는 메시지를 주었다. 이미 푸드 유통사업을 하고 있었기 때문에 푸드 사업의 시장을 헬스케어로 정의한 것이 시작이었다. 그리고 '다이어트 시장은 원래는 4조 원 시장이었으나 고도비만 인구가 늘어나면서 10조 원까지 증가했다. 투자사가 아무리 우리를 다이어트 시장에 속한 것으로 본다고 해도, 이 시장이 이렇게 커지고 있다. 이것이 헬스케어로 들어가게 되면 더 커질 수 있다'고 설득했다.

'아, 내가 이 사람들을 정말 잘 키웠구나!'

2차 매각 때는 3개의 회사가 들어왔다. 2차 매각 때는 공개 입찰을 했는데 12개 회사가 예비 입찰에 지원했고, 그중에서 자기 차례에 참여한 회사가 3곳이었다. 한 곳당 40명이 들어온다. 회계사 10명, 변호사 10명, 이 회사가 사업성이 있는지 검토하는 컨설턴트 10명, 투자자 10명 총 40명이다. 그러면 3개 회사가 각

5 쥬비스는 왜 AI 회사가 되었을까?

자의 차례에 들어와서 실사를 하면 120명이 매일 각기 다른 자료들을 요구한다. 이 과정이 보통 4~6개월간 이어진다.

그런데 우리는 이 과정을 한 달 만에 끝냈다. 그게 가능했던 것은, 우선 회계가 빨리 끝났다. 보통 이 부분은 사람들이 믿을 수가 없다고 표현할 정도인데, 회사도 오너 개인도 회계가 너무나 깨끗했다. 앞에서도 이야기했지만 2016년, 2017년에 국세청 세무조사를 한 번 더 받은 덕분에 2017년까지 깔끔하게 정리되어 있었고(세무조사는 보통 과거 3년을 꼼꼼히 살펴본다), 그때 이미 국제회계 기준으로 바꿔놓았기 때문이다. 더 중요한 것은 회사에 부채가 없고, 채권발행도 없었으며, 주주 간의 거래도 없었기 때문에 회계장부가 그 어느 회사보다 단순했다. 그리고 매각을 시작하기 전에 했던 법률 모의실사 데이터도 그대로 전달했다.

내가 1차 매각 때 실패한 이유가 하나 더 있었다. 투자사 관점의 매각이 아니었던 것도 있지만, 너무 내 관점으로만 매각을 진행했다. 하지만 2차 때는 '우리 회사를 이 시장에 가서 이렇게 키우면 투자사는 이만큼 벌 수 있습니다'를 구체적으로 제시해주었다. 그래서 실사를 금방 끝낼 수 있었다.

그다음은 브랜드파워 점검이다. 지금 현재 유지하고 있는 브랜드파워가 아닌 바깥에서 악플 다는 고객, 그만둔 직원, 그리고 CEO에 대한 레퍼런스를 파헤친다. 그 세 회사가 조사업체에 의뢰해서 전화를 돌렸다. 쥬비스에 대해 '비싸요', '요요 왔어요' 하는 후기를 올린 고객들한테 모두 메일을 보내서 고객 경험에 대한 인터뷰를 요청했다. 또 퇴사한 직원들에게도 연락해서 '왜 퇴사했냐', '이 회사는 어땠냐'에 대해 인터뷰했다. CEO에 대해서도 어느 단체에 가입돼 있는지, 골프를 치는지는 물론이고 법인카드 사용내역까지 샅샅이 뒤져 과거의 행적들이 전부 파헤쳐졌다. 그게 일반적인 매각 실사다.

또 우리가 연예인 마케팅을 하다 보니 겉으로는 요란한데 속 빈 강정이 아닌가 하는 의심의 눈으로 매출과 이익도 계속 체크를 했다. 우리가 가장 중요하게 생각했던 것은 영업이익이었다. 물론 매출도 중요하다. 우리나라 경영자들은 매출은 자신 있게 말하지만, 영업이익을 물어보면 목소리가 작아진다. 그런데 투자사는 영업이익이 작은 회사에는 절대 투자하지 않는다. 그런 평범한 회사를 왜 돈 주고 사는가? 특이하고 잘나가는 회사를 산다.

우리는 일단 영업이익을 먼저 챙겼다. 영업이익을 기본으로 잡아놓고, 이 영업이익을 만들기 위해 인건비, 홍보비 등의 예산을 설정해두었다. 그리고 우리만의 기술이 있었다. 포터블하게 바꾼 기계, 자체 개발한 운동프로그램과 식품 가공법에 대해 특허를 내는 데 집중했다. 그렇게 우리만 보유한 기술들을 보여주자 투자사도 인정해주었다. 그리고 보건복지부 장관상 등 3개 정도 상을 받았던 것도 도움이 되었다.

5 쥬비스는 왜 AI 회사가 되었을까?

사실 1차 매각 때 내가 가장 크게 화를 냈던 평가는 '이 회사는 조성경 없으면 안 되는 거 아니야? 조 회장이 정신적인 지주 아니야?' 하는 것이었다. 그렇지 않았다. 어떻게 직원들을 대표로 발탁승진 시킬 생각을 했느냐는 질문을 받을 정도로 나는 직원들을 먼저 믿는 스타일이다. 잘할 수 있을까를 의심하기보다는 먼저 기회를 주고 인정해줬다.

사실 이미 2017년경에 각 부문 대표들에게 내가 하던 현업의 일을 위임했다. 직원으로 입사해 십수 년간 함께 회사를 키워온 사람들이다. 그리고 2020년 1월에는 입사 순서대로 주식을 나누어주었다. 주식을 주면서 '이제 여러분이 우리 회사의 주주'라고 강조했다. 스톡옵션 방식이 아니라 증여 형태로 지급했다. 대표들은 더욱 막중한 책임감을 가지고 업무에 임했다. 조윤경 대표와 이서진 대표는 높은 영업이익을 달성했고, 유현주 대표, 양소영 대표는 매각 과정을 도왔다. 매각이 진행되는 중에도 회사가 흔들림 없이 계속 이익을 내고 성장한 것은 이들의 노력 덕분이다.

이렇게 각 부문 대표들이 회사에 3년간 남아 있는 조건으로 매각이 성사되었고, 4명의 대표들은 더 높은 연봉과 두둑한 스톡옵션도 받을 수 있었다. 보통 투자사가 들어와 회사의 주인이 바뀌면 CEO를 비롯해서 이전의 핵심멤버를 모두 물갈이한다고 생각하는데, 전혀 그렇지 않다. 회사에 반드시 필요한 인재라면 투자사는 스톡옵션을 퍼부어서라도 같이 데리고 간다. 많은 경영자들이 이 부분을 두려워하거나 꺼려해 투자받기를 싫어하는데, 실상은 그렇지 않다는 것을 꼭 알아두면 좋겠다.

그 과정을 지켜보면서 내가 퇴임하고 나서도 이 대표들이 있으면 쥬비스가 잘될 거라는 확신이 더욱 커졌다. 역시나 코로나19로 모두 힘든 와중에도 회사가 30% 이상 성장하는 것을 보고 '아, 내가 정말 잘 키웠구나' 하고 뿌듯했다. 매각 과정에서 일어날 수 있었던 법률, 회계, 재무, 인사 등 수많은 리스크 역시 이들로 인해서 해결될 수 있었다.

투자사는 비즈니스 단점을 찾는 데 혈안이 된다. 이 회사의 단점은 무엇인가? 이 회사를 사는 데 있어서 감당해야 할 것은 무엇인가? 이것을 가장 공들여서 파헤친다. 우리 회사의 단점은 사람(컨설턴트 직원)이 다이어트 컨설팅을 하기 때문에 품질이 균일하지 않을 수 있다는 점이다. 공장에서 찍어낸 것처럼 품질을 관리할 수가 없다는 뜻이다. 또 컨설턴트의 퇴사도 단점이다. 잘 키워놓은 인재들이 임신, 출산, 결혼, 이사, 질병 등의 이유로 퇴사한다. 어쩌면 컨설턴트의 이직은 100% 사람의 힘으로 돌아가는 우리 회사의 가장 큰 리스크였다.

또 우리나라 인구의 몇 %나 쥬비스 다이어트에 지출할 만큼의 경제적 여력을 가졌는가? 우리나라에 직영점을 최대 몇 개나 더 낼 수 있는가? 그 예산은 어떻게 할 것인가? 직영점 방식의 한계도 있었다. 경쟁사의 부재에 관해서도 계속 물어봤다. 쥬비스는 왜 다이어트 업계에 경쟁사가 없는가? 처음에는 나도 모른다고 대답했다. 하지만 돌아보니 경쟁사들이 많았다. 연예인을 앞세워 들어온 대기업도 있었고, 우리나라 다이어트 회사에 글로벌 회사가 3,000억 원을 투자한 사례도 있었다. 그런데 다들 얼마 못 가 사업을 접었다. 무엇이 달랐을까? 내 생각에는 크게 3가지로, 감량결과가 좋지 않았던 점, 품질관리가 되지 않았던 점, 체인점 확장에 주력했던 점이 그 이유 같다.

8배에서 17배로 올라간 비결은?

그리고 2번째 매각 도전에 성공한 중요한 키는 앞서 설명한 파이프라인 구축과 AI를 도입해서 서비스를 한 단계 업그레이드시켜놓은 것이었다. 파이프라인 중 하나인 AI 기반 구독형 다이어트 앱 서비스가 미래전략으로서 비전이 있었고, 앱 서비스에 유통 부문이 함께 성장할 수 있다는 점을 높이 평가받았다.

AI와 관련해서는 앞에서 설명했듯이, 우리는 긴 시간 동안 쌓아온 방대한 양의 고객 데이터가 있었다. 이 데이터들을 기반으로 AI를 시작했고, 실제 운영에도 활용했다. 그러면서 계속해서 노하우와 방법론을 발전시키며 '어떻게 하면 컨설팅 품질을 균일하게 할까, 어떻게 하면 고객에게 잘 맞는 데이터를 뽑아낼까'에 대해 해결책을 찾았다. 물론 초반에는 직원들이 불안해하기도 했지만, AI가 할 수 있는 일과 컨설턴트가 할 수 있는 일을 분리하고 서울대 교수님들과 인사체계도 다시 재정비했다. 사람과 AI를 융합한 조직·인사 전략을 다시 수립한 것이다.

그런데 그 프로젝트가 AI와 인사관리를 결합한 선진적인 연구성과로 평가받으면서, 유수의 해외 인사관리 학회에서 사례 발표를 해달라며 우리를 초청했다. 그래서 2019년 워싱턴에서 열린 인사관리 국제학회에 나가 그 내용을 발표했다. 대한민국에서 딱 두 군데가 나갔는데 그중 하나가 쥬비스였다. 그 학회에서 우리 발표가 톱3에 올라서 2019년 대만·아시안 학회에서 한 번 더 발표했고, 2020년에 상하이에서 업데이트 상황을 발표했다. 또 LA 학회에서 또 다시 앙코르 발표를 했고, 2021년 8월에 솔트레이크 학회에 또 초대를 받았다. 이 논문이 2021년 12월 유명한 헬스 저널에도 실렸다.

AI가 도출한 결과는 처음에는 적중률이 60%대 정도 나오는 게 당연하다. 거기다 디테일한 데이터를 더 추가하고, 새로운 데이터들의 성패 여부를 추가해 학습시키면 70%, 80%, 90%대로 튜닝이 된다. 그러고 난 이후에는 1~2%씩 적중률을 높여가며 AI의 신뢰도를 향상시키는 것이다. 많은 경영자가 쥬비스의 AI를 보고 의아해했다. "AI 결과의 적중률이 60%라는 게 말이 돼?" 그러나 누가 그걸 끝까지 붙잡고 늘어지며 적중률을 높이느냐의 싸

       5 쥬비스는 왜 AI 회사가 되었을까?

움이다. 결국 AI도 끝까지 해내는 사람이 성공시킨다.

사실 우리는 2018년부터 고객을 대상으로 한 AI 포럼도 열었다. 1,000명씩 5번 정도 실시해서 우리의 AI가 어떤 역할을 하는지 소개했는데 반응이 좋았다. 여담이지만, AI 포럼 때 우리 아들도 내 강의를 들었다. 아들이 내 강의를 들은 것은 그때가 처음이었는데, 엄마가 이렇게 말을 잘할 줄, 강의를 잘할 줄 몰랐다며 놀랐다고 했다(덧붙여 "근데 왜 집에서는 말을 많이 안 해?" 하고도 물었다). 그보다 내가 더 고맙게 생각한 말은 이것이었다.

"엄마, 이 AI 잘될 것 같아요. 기대되는데! 포기하지 말고 꼭 끝까지 해요, 엄마. 내가 군대 갔다 와서 몇 년 후에 어떻게 됐는지 꼭 물어볼게요."

그 외에 내가 경영자들을 대상으로 우리 회사의 AI 도입 사례를 소개하는 강의도 자주 했다. 그런데 강의를 듣는 경영자들은 하나같이 "우리는 데이터가 없는데요?"라고 이야기한다. 세상에 데이터가 없는 회사는 없다. 재무제표도 있고, 직원정보도 있다. 이 데이터를 어떻게 사용할지 모를 뿐이다. AI도 처음부터 제대로 나오는 게 아니다. 이 분야는 누가 끝까지 물고 늘어지는가의 싸움이기 때문에 AI를 시작한다면 끝까지 해내겠다는 의지가 정말 중요하다.

투자의 멀티플이라는 개념이 있다. 쉽게 말해 영업이익의 몇 배의 가치를 가졌느냐다. 예를 들어 교육업은 매각 때 영업이익의 7배를 준다. 그걸 '퍼'라고 한다. 교육업은 왜 퍼가 좋지 않을까? 학생들이 줄어드니까 미래의 비전이 불투명하기 때문이다. 제조업은 어떨까? 영업이익의 8배를 준다. 헬스케어 회사는 10배, 코스메틱 회사 중에서도 글로벌로 진출한 회사는 11배 정도다. 그렇다면 IT 회사는 몇 배를 받을까? 답이 없다. 어느 플랫폼 회사는 80배까지도 올라갔다. 게임 회사도 퍼를 따지지 않는다.

나는 목표가 있었다. 먼저 헬스케어 시장으로 들어가서 10배를 받는 것, 여기에 IT 플랫폼을 입혀서 회사 가치를 더 높이는 것이었다. 그럼 다이어트 회사에 IT 플랫폼을 입히려면 뭘 해야 할까. 거기에 AI가 큰 역할을 했다.

1차 매각 때 예비 입찰서에는 전년도 영업이익의 8.5배를 냈다. 투자를 받을 때도 마찬가지이다. 그렇게 해서 지분을 10% 받을지 20% 받을지 결정한다. 하지만 AI 플랫폼을 입히고 '우리 회사는 IT 회사입니다, 다이어트 회사 아니고 IT를 결합한 헬스케어 회사예요'라고 했더니, 2차 매각 때 전년도(2019년) 영업이익의 17배를 받았다.

내가 말하고자 하는 바는 '그래서 잘 팔았다'가 아니다. 여러분의 회사를 어느 시장 안에 넣어두느냐에 따라서 회사의 가치는 8배가 될 수도 있고 10배가 될 수도 있다는 말이다. 그래서 내가 평생을 바쳤던 회사의 주당 평가액은 우리 회사가 어느 비즈니스 영역에 들어가느냐에 좌우된다. 예를 들어 내가 만약 제조업을 했다면 전기차 쪽으로 들어갔을 것 같다(아니면 풍력에너지 사업에 필요한 부품 제조 쪽도 괜찮을 것 같다). 전 세계적으로 전기차 점유율이 아직 3%밖에 안 되니까 앞으로 97%나 남았다. 예를 들면 이런 식으로 파이프라인을 준비하라고 이야기하고 싶다.

만약 요식업을 하고 있다면 비즈니스를 더 활성화시켜서 유통으로 갈 것인지를 따져봐야 한다. 유통업은 9배 정도다. 식당은 거의 평가를 못 받는다. 요리사가 있어야 하기 때문이다. 그런데 유통업으로 가면 9배가 된다. 이처럼 여러분의 회사가 속한 시장이 어딘지가 가장 중요하다. 미래의 먹거리가 완전히 달라지기 때문이다.

그다음으로 중요한 것은 몇 %를 매각할 것인지, 투자받을 것인지, 경영권을 줄 것인지 말 것인지다. 이게 가장 중요하다. 그걸 모르고 덤빌 수는 없다. 대체 몇 배를 받는지, 투자사는 평균 몇 배나 주는지를 직접 알고 있어야 한다. 그리고 매각 심사기간을 정해놓아야 한다. 나는 3개월 이상은 안 가겠다고 했다. 심사기간이 길면 길수록 투자사는 더 많이 가격을 깎을 수 있다. 그래서 기간을 아주 길게 설정한다. 실사 기간은 기본 3개월에 한 달 연장이 기본이다. 나는 시작할 때부터 '우리는 준비를 철저히 했으니까 한 달 안에 끝내주세요'라고 못을 박았다. 그래서 그 한 달 동안 120명의 검증을 받으면서 어쨌든 기간 내에 끝냈다. 처음부터 끝내야 하는 시점을 못 박지 않으면 지지부진해지면서 매각은 진행되지 않고 끌려만 다닌다.

끝날 때까지 끝나지 않을 것처럼

✧ 매각을 마무리하며 아주 힘든 기간이 있었는데, 그때 지인이 타로점을 봐준 적이 있다. 그때 내가 뽑은 카드가 당시 상황을 정확하게 묘사하는 듯했다. 지금도 기억하는데, 누워 있는 사람 몸에 칼이 100개쯤 꽂혀 있어 피가 철철 나는 카드였다. 그만큼 철저하게 검증을 받고 있었던 상황이었다.

경업금지 기간도 중요하다. 경쟁업종에서 일하는 것을 금지하는 조항이다. 보통은 3~5년인데 나는 10년으로 했다. 우리나라에 들어오는 외국계 투자사들은 CEO의 능력을 가장 중요하게 보기 때문에 경업금지 기간을 중시한다. 나한테도 그랬다.

"회장님이 이 회사를 팔고 나면 10년 동안 다음 회사는 못 하십니다. 회장님 아드님도 못 하고, 친인척도 못 하십니다."

그래서 나는 경업금지 기간을 10년으로 할 테니까 손해배상 금액을 마감금액의 1.2%에서 1.5%로 상향하자고 했다. 1.5%를 넘지 않는 금액은 청구할 수 없다는 뜻이다(금액이 크기 때문에 0.1%도 굉장히 큰돈이다). 투자사가 경영을 맡은 후 다시 심사해서 오너에게 손해배상을 청구하는 경우가 있다. 하지만 그 퍼센티지를 높여 놓으면 손해배상 청구를 하기 어려워져 그렇게 딜을 했다. 투자사도 받아들였다. 다들 팔 때는 지겨워서 '이 사업 다시는 하나 봐라' 하지만 결국 제일 잘하는 분야로 돌아가는 게 대한민국 경영자라는 것이 이유였다.

나에 대해서도 평가받을 준비를 해야 한다. 내 과거는 그저 흘러 가버린 시간들이 아니다. 순간순간이 다시 평가의 대상이 된다. 나는 나에 대해 자료를 모으는 것이 좀 무서웠다. 다행히 내가 어떤 모임에도 나가지 않았고, 외부 활동도 거의 안 했으며, 술도 잘 못 마셔서 무사히 넘어갔지만, 그 과정에서 사람 뒷조사에 최적화된 요원들(?)이 준비되어 있는 것 같은 느낌을 받았다. 나에 대한 모든 정보가 다 드러나다 보니 '내 과거가 모두 모여 현재의 평가가 되는구나' 하는 생각이 들었다.

가장 힘들었던 기간은 계약서를 쓰고 잔금을 받을 때까지

3개월이었다. 계약을 했다고 초심을 잃어 매출이 정체되거나 떨어지면 너무 창피할 것 같았다. 그래서 8월에 계약하고 11월 말까지 영업 전선에 뛰어들어 매출을 같이 올렸다. 창피하지 않게 마무리하고 싶었다. 나도 사람인지라 이제 그만 일을 놓고 싶은 마음도 들었지만 그럴 수가 없었다. 늘어지려는 마음을 끝까지 팽팽하게 붙잡고 유지하는 것이 너무 힘들었다. 그래서 그 3개월 동안 내 다짐은 이것이었다.

'최고의 피날레는 끝날 때까지 끝나지 않을 것처럼 하는 것!'

과거의 행적은 어떻게든 돌아온다

2020년 말에 매각한 후 2021년 매출이 850억 정도였다. 사실 2020년은 정말 위험했다. 왜냐하면 투자사가 2,500억에 회사를 인수하자 세상에 오만가지 헛소문과 악의적인 논평이 나돌았기 때문이다.

"저 회사가 왜 2,500억이야? 비싸게 주고 샀네. 완전 바가지 썼군. 오너가 다 해먹고 나간 것 아니야? 아니면 왜 100% 매각했겠어? 잘될 것 같았으면 조금이라도 지분을 남겼겠지. 아니면, 뭐 터질 거라도 있는 것 아니야?"

그런 시장의 헛소문과 루머를 잠재운 것은, 각 부문 대표들이 2020년 상반기에만 30% 성장을 이뤘다는 사실이었다. 창업자 없이(게다가 코로나19로 혼란스러운 와중에도) 지속적으로 고성장을 이어갔다는 사실에 사람들은 '투자사가 잘 샀다', '투자에 성공했다'고 평가했다.

매각을 완료하고 잔금을 받으면 다 끝나는 것인 줄 알았는데, 정말 끝날 때까지 끝난 것이 아니었다. 투자사 측으로부터 손해배상 청구가 있을 수 있다는 것은 미리 알았지만, 국세청, 지방청, 세무서(회사 주소지 세무서, 집 주소지 세무서)에서 그렇게 많은 자료를 요청할 줄은 정말 몰랐다. 매각대금이 오고 간 과정, 매각대금의 정당성, 매각대금에 대한 양도세, 지방세, 각 부문 대표들에게 주식을 양도하는 과정에서의 자금흐름 등 1년 동안 6회 정도의 검토과정이 있었다.

물론 그 모든 과정에서도 별다른 문제 없이 잘 끝났지만, 매각 후 1년 동안 과거(3~4년 전 혹은 1~2년 전)의 모든 자금흐름을 소명하고, 세금을 소명하고, 정당성을 소명하는 과정을 경험했다. 그때 다시 한번 느낀 것은, 매각을 완료해도 끝난 게 아니라는 것, 그리고 과거의 행적은 반드시 언제 어떻게든 평가되고 판단된다는 것이다. 남들은 매각 후에 부럽다, 좋겠다, 후련하겠다 했지만, 결코 쉽게 끝나지 않았다.

독자 여러분의 모든 말과 행동, 결정, 판단 역시 미래에 언제 어떻게 돌아올지 모른다. 국세청이나 세무서의 평가가 아니더라도 미래의 어느 순간, 어느 위치에서 어떤 평가를 받을지 한 번쯤 고민해보시기 바란다. 결국 과거가 모여 현재가 되고 현재가 모여 미래가 된다. 지금 이순간에도 좋은 판단, 좋은 결정, 후회하지 않을 선택을 하고 있는지 돌아봐야 한다.

내가 만약 재무팀 직원이 알아서 하겠지 하고 회계나 세무를 신경 쓰지 않고 넘겼다면 어땠을까? 통장에 자금흐름을 다 기록해놓지 않았다면? 주주총회의사록의 중요성을 몰랐다면? 이사회의 중요성을 몰랐다면…? 사소하게 생각하고 넘어간 모든 것이 칼이 되어 꽂힐 수 있다. 업무관리 측면만 그런 것이 아니다.

예를 들어 승진에 관해서 쥬비스 직원들은 일정 점수 이상이면 모두 합격이다. 직급에 맞게 업무의 양을 조절하기는 하지만 동료와 경쟁시키지는 않는다. 구성원끼리 협업하라고 그렇게 강조해놓고서 조직원 간의 경쟁을 통해 누구는 합격시키고 누구는 누구 때문에 떨어지는 그런 승진시스템을 만들었다면 어땠을까? 앞뒤가 다른 메시지가 아닐까?

그뿐 아니다. 나는 비정규직 인턴부터, 각 지점의 클린마스터(청소 이모님)는 물론이고, 사옥 경비 반장님, 본사 직원, 지점 컨설턴트, 임원, 대표이사까지 모든 구성원에게 똑같은 명절선물을 보냈다. 경력이나 실력에 따라 성과가 다르니 연봉이나 인센티브는 다를 수 있지만, 명절선물까지 차등 지급했다면 아마 지금쯤 조금 후회했을지도 모르겠다. 당당한 마음도 덜했을 것 같다. 그때 그러길 잘했다는 생각은 퇴임하고 나서 하게 되었다.

그리고 1개월을 근무했든 10년을 근무했든 잠시라도 쥬비스와 인연을 맺은 사람들에게는 감사의 의미로 매년 명절선물을 보냈다. 퇴사자에게도 계속 보냈다. 회사가 싫어서 나간 사람이라도 명절마다 선물을 받으면 자신의 전 직장을 응원해준다. 3년이 지나도, 5년이 지나도 자신을 잊지 않고 선물을 보내주는 회사라면 퇴사할 때의 불만은 누그러지고, 그 회사에서 최선을 다해 일했던 좋은 기억만 남기 때문이다. 그러면서 재입사를 하는 경우도 많았다. 퇴사자 선물비용이 너무 커진다고 그 비용을 없앴다면, 그래서 퇴사자에 대한 감사함을 챙기지 않았다면 매각 때 그들이 회사에 대한 호의적인 인터뷰를 해주었을까? 브랜드평가가 잘 나올 수 있었을까(결과적으로 그런 도움을 받긴 했지만, 전혀 예상하지 못한 일이기는 하다)?

또 쥬비스는 매년 어버이날에 전 직원의 부모님께 꽃바구니를 보내드린다. 이렇게 좋은 인재들을 잘 키워서 회사에 보내주신 부모님들께 자녀를 대신해서 회사가 감사함을 전하는 것이다. 그런 감사의 문화가 없었다면, 그걸 비용으로 생각했다면 어땠을까? 회사가 위기를 맞았을 때 직원들이 이렇게 잘 버텨주었을까? 그동안 회사가 보여주었던 감사에 직원들도 신뢰를 돌려준 것은 아닐까?

5 쥬비스는 왜 AI 회사가 되었을까?

"돈도 주고 마음도 주고, 다 줄 수 있으면 그게 좋은 거지."

매각하고 나니 비로소 그런 것들이 더 선명하게 보였다. 내가 했던 과거의 결정과 선택들이 그냥 사라지지 않았다는 것, 어떤 방식으로든, 어떤 계기로든 나에게 돌아왔다는 사실도 알았다. 예전에는 잘 몰랐다. 그래서 믿었던 직원이 퇴사하고, 재입사 시킨 직원이 또 퇴사하면 배신감도 많이 느꼈다. 그래서 나의 멘토인 엄마에게도 자주 하소연했다.

"엄마, 사람들이 어쩌면 그래? 정말 힘들어. 나는 직원들한테 월급도 주고, 인센티브도 주고, 정말 내가 줄 수 있는 거 다 주었는데….."

그러자 엄마는 이렇게 대답하셨다.

"네 팔자가 그래, 성경아. 네가 그렇게 태어났어. 너는 주기만 하래. 받을 생각, 하지 말고 그냥 주래. 그러면 상처받을 일도 없잖니. 그리고 네가 줄 수 있는 사람이라는 게 얼마나 행복하니? 능력 없으면 돈도, 마음도, 방향도 못 준다. 돈도 주고 마음도 주고, 다 줄 수 있으면 그게 좋은 거지. 줄 수 있는 거 감사하게 생각해. 준 만큼 못 돌려받는다고 화내지 말고."

그 말씀을 듣고 보니 정말 그랬다. 그때부터는 내 마음속에 기준이 하나 생겼다. "받으려고 하지 말자." 물론 아무리 이런 다짐을 해도 때때로 지치고 속상했다. '내가 너한테 어떻게 했는데, 네가 나한테⋯.' 그런 일도 한두 번이 아니었다. 물론 매번 화나고 서운하다. 그런 감정이 드는 것까지야 어쩔 수 없겠지만, 그래도 내가 무언가를 줄 수 있는 사람이라는 것을 새롭게(?) 감사하게 되었다. 그렇게 내가 준 것들은 다시 나에게 돌아왔다.

경영자는 모든 의사결정을 할 때 조직 구성원들이 브랜드를 아끼고 사랑하게 만들어야 한다. 현업에서 바쁘게 일할 때는 스스로가 잘했는지, 못했는지 잘 모른다. 매일 일에 치여 안 보인다. 하지만 밖에 나와 보면 또렷하게 보인다. 그때의 나에게 이런 말을 해줄걸, 용기 있는 선택을 한 나를 더 칭찬해줄걸 하는 마음도 든다.

돌아보면 무릎 꿇고 붙잡았던 직원들이, 자기 자신보다 브랜드를 더 사랑했던 경영진들이 만든 회사다. 비록 화자는 '나'였지만, 이 모든 이야기는 그들의 삶과 젊음, 노력, 애태운 날들, 고객에게 진심이었던 순간들이 가득 모여 이루어졌다. 그리고 그 모든 이야기를 이렇게 글로 남길 수 있어서 너무나 영광이고 기쁘다.

어떤 꿈이 됐든 용기를 꽉 움켜쥐고

✦ 　사업을 하는 엄마가 가정까지 잘 돌보는 건 참 힘든 일이다. 이 책의 앞부분에서도 잠깐 언급했지만, 직장생활 할 때 낳은 아들이 벌써 20대다. 군대도 다 마친 어엿한 청년이 되었다. 아이가 아주 어릴 때 사업을 시작한 터라, 자라는 내내 엄마 노릇이 턱없이 부족했다. 힘든 점도 있었겠지만, 덕분에 아들은 '자기 일은 스스로 알아서 하는' 독립적인 성품으로 자랄 수 있었고, 여전히 '엄마가 롤모델'이라며 자랑스러워한다.

　　중학생이 되었을 무렵부터, 아들은 매년 1월 1일에 나와 '연봉협상'을 했다. 나는 너무 바쁘니 매주 혹은 매달 용돈을 줄 수 없고, 그러니 용돈을 1년 단위로 주겠다고 했다. 협상의 기준은 전년도 실적이다. 성적이나 약속을 잘 지킨 것 등을 종합적으로 판단해 용돈인상분을 정하고, 정말 1년 치를 통장에 딱 넣어주었다. '한 달 만에 다 써버리면 어쩌지' 하는 걱정이 왜 없었겠는가? 하지만 걱정한다고 달라질 것은 없으니 그냥 아들을 믿을 수밖에 없었다. 아들은 중학생이었지만 1년치 예산을 받은 부서장처럼 알뜰하게 돈관리를 했다(심지어 연말에 남은 용돈을 이월하기도 했다).

정말 바쁘긴 했지만 용돈 줄 시간이 없다는 건 핑계였다. 어려서부터 스스로 돈관리를 해보고 시행착오도 겪으면서, 용돈이 없을 때 어떤 곤란한 일이 벌어지는지도 경험시켜보고 싶었다. 스스로 돈을 관리하면서 시간이나 인간관계 같은 인생의 여러 다른 자원들도 잘 활용하는 법을 터득하길 바랐고, 어느 정도는 성공했다고 생각한다. 한번은 어느 대학에서 강의를 하는데, 한 학생이 이런 질문을 했다.

"이 어려운 과정들을 다 견뎌내고 이겨내야 하는 게 사업인데, 아드님한테 사업을 시키시겠습니까?"

아! 정말 어려운 질문이다. 이 힘든 일을 하라고 하자니 그렇고, 또 하지 말라고 하자니 그것도 또 그렇다. 아들은 고등학교 때까지만 해도 "나는 엄마처럼 살지 않을 거야. 집에 들어와서도 계속 전화기 붙들고 일하는 엄마처럼 살고 싶지는 않아." 했다. 하지만 대학에 들어가더니 경영을 해보고 싶다고 했다.

'창업을 해야 하나 말아야 하나', '나는 사업을 할 사람인가 아닌가'를 판단할 수 있는 기준이 뭘까? 여러 기준이 있겠지만, 내 경우를 돌아보면 '나보다 일을 더 사랑하는가' 같다. 나보다 일을 더 사랑해야 이 많은 어려운 과정을 헤쳐나가며 회사를 키울 수 있다. 만약 일보다 개인의 삶이 더 중요하다면 창업 말고 다른 방향을 찾아보시라고 이야기하고 싶다.

경영자는 개인의 삶보다 브랜드의 성장이 더 중요하고, 브랜드에 대한 책임감으로 수많은 문제를 해결해나간다. 대신해줄 사람은 세상에 아무도 없다. 도망갈 곳도, 피할 곳도 없다. 일종의 숙명 같은 것이다. 그러니 자신보다 일을 더 사랑해야 가능하다. 다행히 내 옆에는 자신들의 인생보다 쥬비스를 더 사랑했던 경영진과 직원들이 있었다. 그들이 만든 좋은 조직문화가 있었기 때문에 이렇게 성장할 수 있었다.

간혹 임원이 되었는데 한 단계 더 올라가지 못하는 경우도 봤다. 아마도 개인의 행복, 재미, 의미를 회사의 성장이나 브랜드가치보다 더 우선으로 여겼기 때문에 어떤 한계에 부딪혔을 때 뚫고 나가지 못한 것 아닐까? 주위에서 아무리 도와주어도 스스로 돌파하지 못하면 거기서 멈추게 마련이다. 그런 점에서 함께 쥬비스를 성장시켰고, 또 앞으로 잘 키워나갈 조윤경 총괄대표, 양소영 대표, 이서진 대표, 유현주 대표에게 말로 다 표현할 수 없는 감사를 전하고 싶다. 이들이 없었다면 나는 아무것도 하지 못

했을 것이다. 이 뛰어난 리더들 덕분에 이 모든 일이 가능했다.

돌아보면 32세에 사업을 시작해서 51세에 매각하기까지 결코 '끝나지 않을 것처럼' 달려온 것 같다. 레이스를 완주한 마라토너처럼 처음에는 해야 할 일도 없고, 하고 싶은 것도 없어 잠시 멍한 느낌도 들었다(심지어 일 말고는 할 줄 아는 게 아무것도 없다는 사실에 놀라기도 했다).

아직은 두 번째 인생에 뭘 할지 잘 모르겠다. 처음에는 나에게 쉴 자격을 주어야겠다고 생각했는데 이것도 용기가 필요한 일이었다. 하루도 마음 편하게 쉬어본 적 없이 20년을 달려왔으니 하루아침에 쉬겠다고 해서 쉬어지는 것도 아니다. 사업을 하는 것도 용기이고, 어려움을 이겨내는 것도 용기이다. 매각도 용기고, 쉬는 것도 용기다. 그래서 나는 사업하는 분들에게 가장 필요한 것은 '용기'라고 생각한다.

아들에게 사업을 시킬 거냐는 질문에 대한 대답은 이미 아들이 스스로 했다. 매각을 앞두고 누군가가 왜 아들한테 사업을 안 물려주고 매각하느냐고 물었을 때, 나는 아들에게 물었다.

"할 거니?"

"내가 왜 엄마 사업을? 난 내 사업할 거야."

"엄마랑 같이?"

"당연히 아니지."

회사의 미래 가치를 최대한으로 평가받아서 매각을 하는 것도, 지분을 투자받아 회사를 더 크게 키워보는 것도 다 가치 있는 일이다. 물론 어떤 선택을 하더라도 거기에는 큰 용기가 필요하다. 쥬비스 이야기를 듣고 여러분은 무엇에 대한 용기를 얻으셨는지 여쭤보고 싶다. 어떤 꿈이 됐든 그 용기를 꽉 움켜쥐고, 결국 실행으로 바꾸시기를, 그리고 반드시 그 꿈을 성취하시기를 바라며 글을 마친다.

쥬비스 미라클

2022년 3월 28일 초판 1쇄 | 2024년 2월 13일 10쇄 발행

지은이 조성경
펴낸이 박시형, 최세현

책임편집 최세현
마케팅 양근모, 권금숙, 양봉호 **온라인홍보팀** 신하은, 현나래, 최혜빈
디지털콘텐츠 김명래, 최은정, 김혜정 **해외기획** 우정민, 배혜림
경영지원 홍성택, 강신우, 이윤재 **제작** 이진영
펴낸곳 쌤앤파커스 **출판신고** 2006년 9월 25일 제406-2006-000210호
주소 서울시 마포구 월드컵북로 396 누리꿈스퀘어 비즈니스타워 18층
전화 02-6712-9800 **팩스** 02-6712-9810 **이메일** info@smpk.kr

쌤앤파커스(Sam&Parkers)는 독자 여러분의 책에 관한 아이디어와 원고 투고를 설레는 마음으로 기다리고 있습니다. 책으로 엮기를 원하는 아이디어가 있으신 분은 이메일 book@smpk.kr로 간단한 개요와 취지, 연락처 등을 보내주세요. 머뭇거리지 말고 문을 두드리세요. 길이 열립니다.